全/国/高/等/教/育/财/经/系/列/精/品/教/材

The administration institution accounting case training

行政事业单位会计
案例实训

主 编/郑敏华 杨锡才 彭 浪
副主编/余 珍 喻 辉 汪 俊 王 芬

经济管理出版社
ECONOMY & MANAGEMENT PUBLISHING HOUSE

图书在版编目(CIP)数据

行政事业单位会计案例实训/郑敏华，杨锡才，彭浪主编．—北京：经济管理出版社，2010.6

ISBN 978－7－5096－1001－5

Ⅰ.①行…　Ⅱ.①郑…②杨…③彭…　Ⅲ.①单位预算会计　Ⅳ.①F810.6

中国版本图书馆 CIP 数据核字(2010)第 100143 号

出版发行：经济管理出版社

北京市海淀区北蜂窝 8 号中雅大厦 11 层

电话：(010)51915602　　邮编：100038

印刷：三河市海波印务有限公司　　经销：新华书店

组稿编辑：房宪鹏　　责任编辑：魏晨红

技术编辑：杨国强　　责任校对：超　凡

720mm×1000mm/16　　10 印张　　110 千字

2010 年 8 月第 1 版　　2010 年 8 月第 1 次印刷

定价：20.00 元

书号：ISBN 978－7－5096－1001－5

全国高等教育财经系列精品教材

编委会成员名单

总 序

“经济越发展，会计越重要”，这是会计界的一句名言。会计的理论与实践活动随着经济的发展而不断发展，会计教材也要紧跟时代步伐，体现时代的进步与要求。知识经济时代的来临，会计环境和会计工作手段的不断变化，对会计专业应用型人才的培养提出了新的要求。

财政部2008年发布的《会计改革与发展纲要》（征求意见稿）指出：“要注意引导会计教育，使会计教育与会计改革和发展形成良性互动，不断培育复合性、优秀的会计人才。”目前，会计教育的一个关键问题是会计教材建设，它直接关系到会计人才的培养质量和会计教育改革的方向，也必然影响会计教育改革的成败。

如何编写着眼素质教育、突出应用型特色、重视能力培养、紧跟改革步伐、体现时代特征和就业要求、深受师生欢迎的应用型会计专业精品教材呢？

我们认为，应摒弃过分重视理论知识传授而忽视能力培养的弊端，根据会计课程的教学特点，针对应用型会计专业的教学目标和要求，建立由教育行政管理部门、出版社、学校、会计学术团体、会计师事务所等共同参与的、高效的、系统的教材运作机制，全面规划、整合资源，精心制定和切实实施教材建设的“精品战略”，全方位运用现代信息化、网络化技术平台，以学生为本，贯彻互动性、启发性和创新性的教学原则，为教师和学生分别建立多媒体、多环节、多层次的“立体化”教材体系。这就是应用型会计专业教材建设应树立的指导思想。

从目前我们调查的情况来看，应用型会计专业教材存在的主要问题表现在以下几方面：

（1）缺少符合应用型特色的“对口教材”。作为应用型会计专业教材，应更多地体现其理论联系实际，注重对学生实际动手能力的培养，但现有的会计教材，大多侧重于学科知识的系统性，理论阐释较多。尽管有的会计教材也比较注重实践操作的讲解指导，但从总体上看，教材编写仍没有突破传统学科课程的羁绊，尚未形成具有鲜明的、符合应用型特色的课程内容结构体系。

（2）教材形式呆板。会计教材一般都存在着层次不明、风格陈旧、缺乏个性、内容交叉或重复、脱离实际、针对性不强等问题。教材形式呆板，没有做到图文并茂，形象生动，更没有将“书本教材”转化为“电子教材”，以电子课件的形式组织教学还没有真正走进课堂。

（3）教材开发单一，与专业教材配套的实践性教学资料严重不足。实践性教学是应用型会计专业教育与人才市场接轨的有效途径。应用型会计专业实践教学一般占总教学时数的25%以上，其教材建设在应用型会计专业教育中也应占有非常重要的地位。而现有会计教材往往着重于理论教材建设，虽有部分教材书后配有相应的习题集（事实上也是一种理论训练题），但缺乏实践训练的项目和指导书。至今为止，还没有一套符合应用型会计专业教育特色的“案例实训”系列教材。实践性教材的奇缺已成为制约应用型会计人才培养的“瓶颈”。

（4）教材内容的更新跟不上会计环境的变化。作为社会科学，会计学的发展及其内容的变革无不受到社会环境的巨大约束和影响。我国改革开放后的会计制度的复苏与发展，特别是1993年以来我国会计制度的国际化进程带来的会计教材内容的改革，充分说明了会计环境对会计教材内容的影响。但是，作为紧跟会计环境变化的应用型会计专业教材始终没有及时跟上。

（5）不能处理好传授知识与培养创新能力的关系。传道、授业、解惑是教育的基本职责。专业中亟待解决的问题应该在有关教材中体现，如果教材中仅仅是基本知识和技能的讲解，就不符合应用型会计专业的培养目标和要求。因此，应用型会计专业的教材，应该是传授知识与创新能力培养相结合，至少应涉及创新的思维方式方法的引导，让受教育者领会、掌握创新的基本技能，而采用什么方式、如何处理传授知识与创新能力培养的关系，是需要我们深入研究的问题。

我们认为：从长远看，加大开发应用型教材的力度，实施“精品战略”，形成理论与实践相结合、主辅教材配套的“立体化”的教材体系。

实施“精品战略”，首先要明确怎样才是“精品”。作为应用型会计专业的精品教材，同时应具有如下几个方面的特征。

（1）科学性特征。教材结构合理，内容取舍适当，概念表述准确，难易度恰当，举例清晰正确。注意相关课程的联系，科学地体现各科专业教材的内涵与外延，符合教学规律和学生的认识规律，满足应用型会计专业人才培养的需要。

（2）实用性特征。教材的实用性特征主要反映在两个方面：一方面是技术实用性，教材内容应贴近会计工作实际，理论的阐述、实验（实训）内容和范例、习题的选取都应紧密联系实际，有鲜明的实践性；另一方面是教学实用性，内容的阐述编排便于组织教学，利于培养学生分析问题和解决问题的能力。

（3）先进性特征。教材内容能及时跟踪会计法规和制度更替，既反映现代会计理论和信息技术的发展水平，又反映新的人才培养理念，并能灵活适应教学组织形式和教学技术手段的更新与发展。

（4）规范性特征。教材的版式设计艺术性强，印刷装订质量高，图形、符号、账表、专业术语、操作程序和方法等符合会计准则和会计职业道德规范。

（5）启发性特征。教材内容有利于引导学生树立正确的人生观、世界观和价值观，有利于培养学生科学的思维方式，启迪学生的创新思维，提高他们运用科学的立场、观点和方法观察、分析和解决实际会计问题的能力。

加强应用型会计专业教材的体系创新，是实施“精品战略”的核心。教材作为知识的载体和教学改革成果的表现物，从一个侧面折射出教育思想的变革。创新是教材特色的灵魂，是表现教材质量的要素之一。因此，只有以创新的思想、创新的模式才能更好地促进高职教材的建设与发展，才能将精品战略落到实处。全面落实教材建设的精品战略不仅要抓好核心教材的建设，同时还应重视相关配套教材的建设。这些配套教材包括实验（实训）教材、各类指导书、习题集、业务处理图册及与现代化教学手段相配套的各类新教材（如PPT课件、CAI课件、多媒体教材、网络教材）等。

在“精品战略”的指导下，建立“立体化”的教材，是应用型会计专业教材建设的方向。

所谓“立体化”教材，就是立足于现代教育理念和信息技术平台，以传统纸质教材为基础，结合多媒体、多环节、多层次的教学资源，建立包括多种教学服务内容、结构配套的教学出版物的集合。“立体化”教材由主教材、实训教材、教师参考书、学习指导和试题库等组成，包括纸质教材、PPT课件、案例实训资料、案例实训课件、案例实训演示软件、电子教案、电子素材库、电子试题库、网络课程、网络测评系统等部分。其不同于传统教材之处，在于它综合运用多媒体并发挥优势，形成媒体间的互动，强调多种媒体的一体化教案设计，注重激发学生的学习兴趣，将烦琐的会计工作环节直观清晰地体现出来。

要建设完善的会计专业“立体化”教材，必须做好五个环节的工作：

(1) 教育行政管理部门牵头，进行总体规划，对出版社公开招标，并建立科学的应用型会计专业教材评价体系。

(2) 由中标的出版社牵头组织，相关院校积极配合，整合资源，立项开发，精心设计出整体教学解决方案（教学包），分步实施，集中优秀师资及各种教学素材，力求将专业内容采用最好的“立体化”的表达形式展现出来。

(3) 由出版社加强对教师的培训，介绍“立体化”教材的使用方法，真正发挥“立体化”教材的作用和优势。

(4) 由出版社办好互助的教学网站，使之成为作者、教师、学生和出版社交流信息和进行教学的互动平台，并为“立体化”教材的使用、修订、升级和改版广开言路，汇集真知灼见。

(5) 教育行政管理部门定期进行教材评审，优胜劣汰，不断完善教材体系和提高质量。

教材建设是一个系统工程，教育行政管理部门、学校、出版社、会计学术团体等都应该不断进行教材建设的研究，找准社会对会计人才的需求、应用型会计专业的培养目标和教材三者关系的平衡点。直言之，就是要弄清什么样的教材才能使应用型会计专业能够培养适应社会需要的人才。具体而言，如何设计教材体系，如何选取教材内容，如何理清教材之间、同一教材内部各章节之间的关系，如何把握专业理论的“度”的问题，如何使理论与实训内容有机衔接，如何选择最佳的文字、图形及多媒体等表现形式，如何把握教材的实用性和前瞻性等方面的问题，都是教材建设的重要课题，必须进一步加强研究，并积极地完善落实。

教材建设是一个动态的系统工程，没有最好，只有更好。

编委会

2010 年 8 月

前 言

为了培养应用型财会人才，加强会计实践性教学，满足各院校会计实训教学需要，我们以《行政事业单位会计制度》为依据，结合现行的财政预算管理制度改革的需要，结合行政事业单位会计教学大纲的要求，编写了《行政事业单位会计案例实训》一书。

本书立足于在内容上体现财政预算管理制度的要求，以行政事业单位常见的经济业务为实例，力求做到实训资料准确、规范，实训设计科学完整，实训内容具有实践性、综合性、启发性，并将实际业务训练与职业判断能力结合起来，以提高实训教学质量，培养新型的财会人才。

本书的主要特点如下：

一是依据最新的会计制度及财政预算管理政策编写。本书以《行政事业单位会计制度》为依据，结合行政事业单位的业务特点和最新的财政预算管理体制改革的精神，对行政、事业单位的经济业务进行了全面的分析。

二是突出行政事业单位业务的特点。本书在模块安排方面，突出了行政事业单位的业务特点，将制度的统一性、原则性与行政事业单位的业务特殊性结合起来，针对性强。

三是简明实用，通俗易懂。本书注重基本理论、基本知识、基本方法、基本技能的结合，通过知识链接，在阐明基本理论、基本知识、基本方法的基础上，以具体业务实例加以运用，帮助读者理解和掌握有关经济业务的处理方法。

本书由郑敏华、杨锡才、彭浪担任主编，余珍、喻辉、汪俊、王芬担任副主编。

由于编者水平有限，加之时间匆促，本书难免存在错误、遗漏和不足之处，恳请读者、专家批评指正。

编　者

2010年5月

目 录

第一章　事业单位收入（模块一）

第一节　事业收入与经营收入的业务处理

一、实训目的

巩固事业收入与经营收入的基本理论和方法，认识、熟悉实际工作中常见的事业收入与经营收入业务，学会运用所学的知识分析这些经济业务，并作出正确的会计处理。

二、知识链接

（1）事业收入是指事业单位开展专业业务活动及辅助活动所取得的收入和财政专户核拨的预算外资金或经财政部门核准不上缴财政专户管理的预算外资金。

（2）经营收入是指事业单位在专业业务活动及其辅助活动之外开展非独立核算经营活动取得的收入，包括销售收入、经营服务收入、租赁收入等。

三、实训资料

（1）2009 年 12 月 20 日，收到开户银行转来的预算拨款凭证。表明从财政专户按预算拨来的预算外资金通过汉京市交通委员会拨入本单位基本结算账户。

表 1—1

<table>
<tr><td colspan="9">预算拨款凭证（收款通知）</td></tr>
<tr><td colspan="6">拨款日期 2009 年 12 月 1 日</td><td colspan="3">第 10 号</td></tr>
<tr><td rowspan="3">收款单位</td><td>全　　称</td><td colspan="3">汉京市规划设计院</td><td rowspan="3">付款单位</td><td>全　　称</td><td colspan="2">汉京市交通委员会</td></tr>
<tr><td>账　　号</td><td>78654321—01</td><td></td><td></td><td>账号或地址</td><td colspan="2">1234567—01</td></tr>
<tr><td>开户银行</td><td>中信银行</td><td>行号</td><td>123</td><td>开户银行</td><td colspan="2">工商银行</td></tr>
<tr><td colspan="6">拨款金额：人民币（大写）壹佰万元整</td><td>小写</td><td colspan="2">¥1000000.00</td></tr>
<tr><td colspan="4">用途：基本支出</td><td colspan="5">类：　　款：城市规划事业费　　项：</td></tr>
<tr><td colspan="5" rowspan="2">上述款项已进账。如有错误，请持此联来核对，此致。
拨款单位盖章</td><td rowspan="2">银行会计分录</td><td colspan="3">付款行转账或付款日期：</td></tr>
<tr><td colspan="3">记账员：王力　　出纳员：陈娜</td></tr>
</table>

第三联　收款通知

（2）2009 年 12 月 21 日，为汉京市新技术开发区筹建处的设计项目完成交付使用。收到其支付的项目设计费，该单位开来工商银行转账支票（该项收入不属于预算外资金），该项目已于上月预收 10 万元。

表 1—2

汉京市行政事业性统一银钱收据		
		No. 1124
		支票号：1210255
今收到汉京市新技术开发区筹建处		
交来项目设计费欠费		
人民币（大写）叁拾万元整		
收款单位：	汉京市规划设计院财务章	收款人：舒思思（签章）
	（公章）	2009 年 12 月 21 日

第一联　记账联

表 1—3

设计项目合同（摘要）

项目所有方：汉京市新技术开发区筹建处

项目设计方：汉京市规划设计院

项目完成交付使用后，项目所有方向项目设计方支付剩余项目设计费 30 万元。

表 1—4

工商银行汉京市分行进账单（收款通知）													
缴款日期　2009 年 12 月 21 日													第 50 号
付款人	全　　称	汉京市新技术开发区筹建处		收款人	全　　称		汉京市规划设计院						
	账　　号	946554222			账　　号		78654321—01						
	开户银行	工商银行			开户银行		工商银行						
人民币（大写）		贰拾万元整	千	百	十	万	千	百	十	元	角	分	
				¥	2	0	0	0	0	0	0	0	
票据种类		转账支票	中国工商银行汉京市三瓶街支行 2009.12.21										
票据张数		壹											
单位主管：王洪		会计：陈娜	收款人开户银行盖章										
复核：李立		记账：张飞											

此联是收款人开户银行交收款人的收账通知

四、实训操作

五、总结和体会

六、教师评价

第二节　拨入款项的业务处理

一、实训目的

巩固拨入款项的基本理论和方法，认识、熟悉实际工作中常见的拨入款项业务，学会运用所学的知识分析这些经济业务，并作出正确的会计处理。

二、知识链接

（1）财政补助收入是指事业单位直接从财政部门取得的和通过主管部门从财政部门取得的各类事业经费。

（2）上级补助收入是单位从财务主管部门和上级单位取得的非财政补助收入，事业单位应设置“上级补助收入”账户，用来核算事业单位从财务主管部门和上级单位拨来的弥补事业开支不足的预算补助款。

（3）拨入专款是指事业单位收到的财政部门、上级单位或其他单位拨入的指定用途、专款专用，并需单独结报的专项资金。例如，国家拨给科研、高校、设计单位承担全国性重要科研项目的科技三项费用、科研部门的专项科研费、专项奖的经费、农业部门的“丰收计划”资金等。

三、实训资料

（1）2009 年 12 月 1 日，收到工商银行基本结算户进账单，12 月份财政经费（建设事业费）已到账。

表 1—5

<table>
<tr><td colspan="14">财政直接支付凭证（收账通知）
第 50 号
2009 年 12 月 1 日　　　　单位：元</td></tr>
<tr><td rowspan="3">付款人</td><td>全　称</td><td colspan="4">汉京市财政局</td><td rowspan="3">收款人</td><td colspan="2">全　称</td><td colspan="5">汉京市规划设计院</td></tr>
<tr><td>账　号</td><td colspan="4">2575120153—01</td><td colspan="2">账　号</td><td colspan="5">78654321—01</td></tr>
<tr><td>开户银行</td><td colspan="4">中信银行</td><td colspan="2">开户银行</td><td colspan="5">工商银行</td></tr>
<tr><td colspan="2" rowspan="2">支付金额</td><td rowspan="2">人民币（大写）肆佰万元整</td><td>千</td><td>百</td><td>十</td><td>万</td><td>千</td><td>百</td><td>十</td><td>元</td><td>角</td><td>分</td><td></td></tr>
<tr><td>¥</td><td>4</td><td>0</td><td>0</td><td>0</td><td>0</td><td>0</td><td>0</td><td>0</td><td>0</td></tr>
<tr><td colspan="2">基层预算单位</td><td>汉京市规划设计院</td><td colspan="5">一级预算单位</td><td colspan="6">汉京市建设委员会</td></tr>
<tr><td colspan="3">用途：建设事业费</td><td colspan="11">类：10　　款：22　　项：</td></tr>
<tr><td colspan="2">会计分录：

借：</td><td colspan="5">付款行专款或付款日期
2009 年 12 月 1 日
记账员：杨明霞
出纳员：江燕</td><td colspan="7">上列款项已进账，如有错误，请持此联来行面洽，此致（收款单位）
中国工商银行
汉南支行</td></tr>
</table>

此联是收款人开户银行交收款人的收账通知

（2）收到下属丙研究所完成 B 项目的决算报告，以及该项目的剩余资金 650 元（属于专款 B 项目资金结余交回）。

表 1—6

<table>
<tr><td colspan="3">汉京市行政事业性统一银钱收据
No. 1124
支票号：1210255</td><td rowspan="2">第一联　记账联</td></tr>
<tr><td colspan="3">今收到汉京市规划设计院丙研究所
交来项目剩余资金
人民币（大写）陆佰伍拾元整
收款单位：　汉京市规划设计院财务章　　收款人：舒思思（签章）
（公章）　　2009 年 12 月 2 日</td></tr>
</table>

表 1—7

决算报告书（摘要）
项目名称：B项目
实用时间：18个月
实用资金：299350.00元
结余的专款资金：650.00元

表 1—8

工商银行汉京市分行进账单（收款通知）													
缴款日期　2009年12月2日													第60号
付款人	全　称	汉京市规划设计院丙研究所			收款人	全　称	汉京市规划设计院						
	账　号	现金				账　号	78654321—01						
	开户银行					开户银行	工商银行						
人民币（大写）		陆佰伍拾元整	千	百	十	万	千	百	十	元	角	分	
							¥	6	5	0	0	0	
票据种类			中国工商银行汉京市三瓶街支行 2009.12.02										
票据张数													
单位主管：王洪　会计：陈娜			收款人开户银行盖章										
复核：李立　记账：张飞													

此联是收款人开户银行交收款人的收账通知

（3）2009年12月27日将专款项目B项目结余资金650元以及决算报告书交上级主管部门汉京市建设委员会；对已完成的B项目（下属丙研究所完成）进行收支转账。

表 1—9

决算报告书（摘要）

项目名称：B项目

实用时间：18个月

实用资金：299350.00元

结余的专款资金：650.00元

表 1—10

汉京市行政事业性统一银钱收据

No. 1165

支票号：00632932

今收到汉京市规划设计院

交来项目剩余资金

人民币（大写）陆佰伍拾元整

收款单位： 汉京市建设委员会财务章 收款人：张茜茜 （签章）

（公章） 2009年12月28日

第一联 记账联

表 1—11

中国工商银行转账支票存根

支票号码：00632932

科　　目：

对方科目：

出票日期：2009年12月28日

收 款 人：汉京市建设委员会

金　　额：陆佰伍拾元整

用　　途：项目剩余资金

单位主管：王洪 会计：陈娜

四、实训操作

五、总结和体会

六、教师评价

第三节　附属单位缴款与其他收入的业务处理

一、实训目的

巩固附属单位缴款与其他收入的基本理论和方法，认识、熟悉实际工作中常见的附属单位缴款与其他收入的业务，学会运用所学的知识分析这些经济业务，并作出正确的会计处理。

二、知识链接

（1）附属单位缴款是指事业单位附属独立核算单位按有关规定上缴的收入，包括附属事业单位上缴的收入和附属企业上缴的利润等。

（2）其他收入是指事业单位除上述规定范围以外的各项收入，包括投资收益、利息收入、捐赠收入、零星杂项收入等。

三、实训资料

（1）2009年12月21日，收到下属独立核算的院工厂交来的工商银行转账支票，缴来本年度利润（此项收入不纳入预算外资金管理）。

表1—12

<table>
<tr><td colspan="14">工商银行汉京市分行进账单（收款通知）</td></tr>
<tr><td colspan="14">缴款日期 2009年12月21日 第50号</td></tr>
<tr><td rowspan="3">付款人</td><td>全　称</td><td colspan="3">汉京市规划设计院工厂</td><td rowspan="3">收款人</td><td colspan="2">全　称</td><td colspan="6">汉京市规划设计院</td></tr>
<tr><td>账　号</td><td colspan="3">9465120153</td><td colspan="2">账　号</td><td colspan="6">78654321—01</td></tr>
<tr><td>开户银行</td><td colspan="3">工商银行</td><td colspan="2">开户银行</td><td colspan="6">工商银行</td></tr>
<tr><td colspan="2" rowspan="2">人民币（大写）</td><td rowspan="2">陆拾万元整</td><td>千</td><td>百</td><td>十</td><td>万</td><td>千</td><td>百</td><td>十</td><td>元</td><td>角</td><td>分</td></tr>
<tr><td></td><td>¥</td><td>6</td><td>0</td><td>0</td><td>0</td><td>0</td><td>0</td><td>0</td><td>0</td></tr>
<tr><td colspan="2">票据种类</td><td>转账支票</td><td colspan="11" rowspan="3">中国工商银行汉京市三瓶街支行 2009.12.21
收款人开户银行盖章</td></tr>
<tr><td colspan="2">票据张数</td><td>壹</td></tr>
<tr><td colspan="3">单位主管：王洪　会计：陈娜
复核：李立　记账：张飞</td></tr>
</table>

此联是收款人开户银行交收款人的收账通知

表 1—13

<table>
<tr><td colspan="3">汉京市行政事业性统一银钱收据
No. 1125
支票号：1210256</td></tr>
<tr><td colspan="3">今收到汉京市规划设计院工厂
交来本年应交利润
人民币（大写）陆拾万元整</td></tr>
<tr><td>收款单位：</td><td>汉京市规划设计院财务章
（公章）</td><td>收款人：舒思思（签章）
2009 年 12 月 21 日</td></tr>
</table>

第一联　记账联

（2）2009 年 12 月 23 日，收到航行学校开来的工商银行转账支票，交来租金。

表 1—14

<table>
<tr><td colspan="14">工商银行汉京市分行进账单（收款通知）</td></tr>
<tr><td colspan="14">缴款日期　2009 年 12 月 23 日　　第 51 号</td></tr>
<tr><td rowspan="3">付款人</td><td>全　称</td><td colspan="2">航行学校</td><td rowspan="3">收款人</td><td colspan="2">全　称</td><td colspan="7">汉京市规划设计院</td></tr>
<tr><td>账　号</td><td colspan="2">9465120154</td><td colspan="2">账　号</td><td colspan="7">78654321—01</td></tr>
<tr><td>开户银行</td><td colspan="2">工商银行</td><td colspan="2">开户银行</td><td colspan="7">工商银行</td></tr>
<tr><td colspan="2" rowspan="2">人民币（大写）</td><td rowspan="2">叁仟元整</td><td>千</td><td>百</td><td>十</td><td>万</td><td>千</td><td>百</td><td>十</td><td>元</td><td>角</td><td>分</td><td></td></tr>
<tr><td></td><td></td><td></td><td>¥</td><td>3</td><td>0</td><td>0</td><td>0</td><td>0</td><td>0</td><td></td></tr>
<tr><td colspan="2">票据种类</td><td>转账支票</td><td colspan="11" rowspan="3">中国工商银行汉京市三瓶街支行 2009. 12. 23

收款人开户银行盖章</td></tr>
<tr><td colspan="2">票据张数</td><td>壹</td></tr>
<tr><td colspan="3">单位主管：王洪　　会计：陈娜
复核：李立　　记账：张飞</td></tr>
</table>

此联是收款人开户银行交收款人的收账通知

表 1—15

<table>
<tr><td colspan="4">汉京市行政事业性统一银钱收据
No. 1126
支票号：1210257</td></tr>
<tr><td colspan="4">今收到汉京市航行学校
交来院大礼堂租金
人民币（大写）叁仟元整</td></tr>
<tr><td>收款单位：</td><td>汉京市规划设计院财务章
（公章）</td><td>收款人：舒思思（签章）</td><td>2009 年 12 月 23 日</td></tr>
</table>

第一联 记账联

四、实训操作

五、总结和体会

六、教师评价

第二章　事业单位支出（模块二）

第一节　事业支出与经营支出的业务处理

一、实训目的

巩固事业支出与经营支出的基本理论和方法，认识、熟悉实际工作中常见的事业支出与经营支出业务，学会运用所学的知识分析这些经济业务，并作出正确的会计处理。

二、知识链接

（1）事业支出是指事业单位开展各项专业业务活动及其辅助活动发生的实际支出，构成事业单位支出的主体，是单位考核的主要对象。

（2）经营支出是指事业单位在专业业务活动及辅助活动之外开展非独立核算的经营活动时发生的各项支出。在经营活动中取得的收入应当与支出相配比。

三、实训资料

（1）2009 年 12 月 20 日，参加政府采购购买绘图仪，款项已用银行基本结算账户转账支票支付，绘图仪已经验收入库。

表 2—1

采购合同（摘要）

售货单位：万盛仪器公司

购货单位：汉京市规划设计院

产品名称：绘图仪

型号：A2

数量：1 台

合同号：987

售价：叁拾万元整

表 2—2

固定资产验收单

2009 年 12 月 22 日

名称规格	单位	数量	总值金额										总值中的安装费	存放地点
			千	百	十	万	千	百	十	元	角	分		
绘图仪	台	1		¥	3	0	0	0	0	0	0	0		业务室
附注：														

验收部门：　　验收人：张军　　部门负责人：张小红　　制单：张虎

表 2—3

中国工商银行转账支票存根
支票号码：00632908
科 目：
对方科目：
出票日期：2009 年 12 月 20 日
收 款 人：万盛仪器公司
金 额：叁拾万元整
用 途：绘图仪款项
单位主管：王洪 会计：陈娜

表 2—4

汉京市商业销售商品专用发票

发票联 地税章

客户名称：汉京市规划设计院

编号	商品名称	规格型号	单位	数量	单价	金额								
						百	十	万	千	百	十	元	角	分
		A2	台	1	300000		3	0	0	0	0	0	0	0
小写金额合计						¥	3	0	0	0	0	0	0	0
大写金额：叁拾万元整														

发票联

销货单位 万盛仪器公司发票专用章　　开票人：王林　　2009 年 12 月 20 日

（2）2009 年 12 月 24 日，开出基本计算账户转账支票，支付招待所购买的物资，该项物资已经验收存入后勤物资库。

表 2—5

中国工商银行转账支票存根

支票号码：00632108

科　　目：

对方科目：

出票日期：2009 年 12 月 24 日

收 款 人：红星百货公司

金　　额：叁万肆仟元整

用　　途：床上用品货款

单位主管：王洪　　　　会计：陈娜

表 2—6

汉京市商业销售商品专用发票

发票联　地税章

客户名称：汉京市规划设计院　　　　支票号：00632108

编号	商品名称	规格型号	单位	数量	单价	金额							
						十	万	千	百	十	元	角	分
	床单						3	4	0	0	0	0	0
小写金额合计						¥	3	4	0	0	0	0	0
大写金额：叁万肆仟元整													

发票联

销货单位 红星百货公司发票专用章　　开票人：王林　　2009 年 12 月 24 日

表 2—7

入库单														
库别：后勤物资库						2009 年 12 月 24 日								第 36 号
名称	单位	数量	单价	金额										备注
				千	百	十	万	千	百	十	元	角	分	
床单						¥	3	4	0	0	0	0	0	

主管：张新　　会计：朱红　　保管员：刘畅　　经手人：朱莲华

（3）2009 年 12 月 25 日，后勤物资库报来出库凭据。

表 2—8

出库单														
库别：后勤物资库						2009 年 12 月 25 日								第 39 号
名称	单位	数量	单价	金额										备注
				千	百	十	万	千	百	十	元	角	分	
床单							3	4	0	0	0	0	0	
其他用品								6	0	0	0	0	0	
合计						¥	4	0	0	0	0	0	0	

主管：张新　　会计：朱红　　保管员：刘畅　　经手人：朱莲华

（4）2009 年 12 月 26 日，后勤集团报来管理费用分配单，该费用已经在基本支出中列支。

表 2—9

后勤处管理费用分配单					
费用分配单位：院招待所		2009 年 12 月 26 日			单位：元
费用项目	基本工资	津贴	办公费	取暖费	合计
分配金额	2000	400	1080	7600	11080

制表人：桂宾　　负责人：李亚

四、实训操作

五、总结和体会

六、教师评价

第二节 调拨支出的业务处理

一、实训目的

巩固调拨支出的基本理论和方法，认识、熟悉实际工作中常见的调拨支出业务，学会运用所学的知识分析这些经济业务，并作出正确的会计处理。

二、知识链接

（1）专款支出是指由财政部门、上级单位和其他单位拨入的指定项目或用途，并需要单独报账的专项资金的实际支出数。专项资金的管理应符合如下要求：专款专用、按实列报、单独核算、专项结报。

（2）拨出经费是事业单位按核定的预算拨付所属单位的预算资金。事业单位对附属单位拨付的非财政性补助资金以及需要单独报账的专项资金，不属于拨出经费的范围。

（3）拨出专款是指事业主管单位或上级单位拨付给所属单位的需要单独报账的专项资金。它既包括由同级财政部门或上级单位拨入后转拨给所属单位的需要单独报账的专项拨款，也包括本单位用自有资金对所属单位拨付的需要单独报账的专项拨款。

（4）上缴上级支出是事业单位按规定的标准或比例上缴上级单位的支出。它与“附属单位缴款”具有一定的对应关系，核算的是一个业务的两个方面，下级单位向上级单位上缴款项时，下级单位通过“上缴上级支出”账户核算，上级单位收到下级单位上缴的款项时，通过“附属单位缴款”账户核算。

（5）对附属单位补助是指单位用财政补助收入之外的收入对附属单位补助发生的支出。“附属单位”指的是事业单位附属的独立核算的单位，包括独立核算的事业单位和独立核算的企业。“对附属单位补助”和“上级补助收入”在账务处理上具有对应关系。补助发生时，上级通过“对附属单位补助”账户核算，下级通过“上级补助收入”账户核算。

三、实训资料

（1）2009 年 10 月 20 日，收到同城特约委托收款凭证。

表 2—10

<table>
<tr><th colspan="7">汉京市规划设计院电费分配表（10 月份）</th></tr>
<tr><td rowspan="2">用电单位</td><td colspan="3">原本部</td><td rowspan="2">燃料厂</td><td rowspan="2">家属院</td><td rowspan="2">合计</td></tr>
<tr><td>各单位</td><td>招待所</td><td>专项 B 项目</td></tr>
<tr><td>用电量（度）</td><td>38213</td><td>1025</td><td>2252</td><td>8038</td><td>9143</td><td>58671</td></tr>
<tr><td>应分担电费（元）</td><td>26749.1</td><td>717.50</td><td>1576.40</td><td>5626.6</td><td>6400.1</td><td>41069.7</td></tr>
</table>

制表人：桂宾　　　　负责人：李亚

表 2—11

<table>
<tr><th colspan="14">同城特约委托收款凭证（付款通知）　　第 50 号</th></tr>
<tr><td colspan="14">委托日期　2009 年 10 月 20 日　　委托号码：02552</td></tr>
<tr><td rowspan="3">付款人</td><td>全　称</td><td colspan="3">汉京市规划设计院</td><td rowspan="3">收款人</td><td>全　称</td><td colspan="7">汉京市电力局</td></tr>
<tr><td>账　号</td><td colspan="3">78654321—01</td><td>账　号</td><td colspan="7">25225565—07</td></tr>
<tr><td>开户银行</td><td>工商银行</td><td>交换号</td><td></td><td>开户银行</td><td>工商银行</td><td>交换号</td><td colspan="5"></td></tr>
<tr><td rowspan="2">委收金额</td><td rowspan="2">人民币
（大写）</td><td rowspan="2">肆万壹仟零陆拾玖元柒角</td><td>千</td><td>百</td><td>十</td><td>万</td><td>千</td><td>百</td><td>十</td><td>元</td><td>角</td><td>分</td></tr>
<tr><td></td><td></td><td>¥</td><td>4</td><td>1</td><td>0</td><td>6</td><td>9</td><td>7</td><td>0</td></tr>
<tr><td colspan="2">款项内容</td><td>合同号：</td><td colspan="11">收款人联系电话：</td></tr>
<tr><td colspan="2">电费</td><td>备注</td><td colspan="4">汉京市电力局财务章
收款人签章</td><td colspan="7">中国工商银行汉京市三瓶街支行 2009.10.20
收款人开户银行盖章</td></tr>
</table>

此联是收款人开户银行交收款人的收账通知

（2）2009 年 10 月 21 日，按照项目计划拨付科研项目 A 项目资金给燃料厂。该款项使用本院自有资金。

表 2—12

中国工商银行转账支票存根	
支票号码：00632910	
科　　目：	
对方科目：	
出票日期：	2009 年 10 月 21 日
收 款 人：	汉京市规划设计院燃料厂
金　　额：	伍拾万元整
用　　途：	科研项目 A 专款
单位主管：王洪	会计：陈娜

表 2—13

汉京市规划设计院燃料厂收据			
2009 年 10 月 21 日			No. 523564
今收到汉京市规划设计院			
交来科研项目 A 专款			
人民币（大写）伍拾万元整			
收款单位：（公章）　汉京市规划设计院燃料厂		收款人：张平	交款人：王新

第二联　收据联

表 2—14

预算拨款计划书（摘要）
售项目名称：A 项目
计划拨款总额：壹佰万元整
计划总期限：九个月
本次拨款额：伍拾万元整

（3）2009 年 10 月 21 日，开出转账支票，用自有资金将领导批准给予的下属乙研究院的补助款 30 万元拨付。

表 2—15

中国工商银行转账支票存根

支票号码：00632913

科　　目：________________

对方科目：________________

出票日期：2009 年 10 月 21 日

收 款 人：汉京市规划设计院乙研究所

金　　额：叁拾万元整

用　　途：补助款

单位主管：王洪　　　　会计：陈娜

表 2—16

汉京市行政事业性统一银钱收据

No. 1126

支票号：1210257

今收到汉京市规划设计院

交来补助款

人民币（大写）叁拾万元整

收款单位：［汉京市规划设计院乙研究所财务章］（公章）　　收款人：［刘思］（签章）

2009 年 10 月 21 日

第一联　记账联

表 2—17

乙研究所补助申请报告批复书（摘要）

乙研究所负责人：

贵所申请的补助款叁拾万元，现予以批准。

汉京市规划设计院

维文

2009 年 10 月 21 日

四、实训操作

五、总结和体会

六、教师评价

第三节　成本费用税金的业务处理

一、实训目的

巩固成本费用税金的基本理论和方法，认识、熟悉实际工作中常见的成本费用税金业务，学会运用所学的知识分析这些经济业务，并作出正确的会计处理。

二、知识链接

（1）成本费用是指实行内部成本核算的事业单位应列入劳务（产品、商品）成本的各项费用。事业单位可以根据开展业务活动及其他活动的实际需要，实行内部成本核算办法。所谓事业单位内部成本核算，是指只对事业单位内部管理使用的成本核算办法。其特点有：核算内容上是不完全的成本核算；核算方法上是不严格的成本核算；核算形式上是内部的成本核算。事业支出的成本费用核算与经营支出的成本费用核算应当分别进行。

（2）销售税金是指事业单位提供劳务或销售产品应负担的税金及附加，包括资源税、营业税、城市维护建设税及教育费附加。

三、实训资料

（1）2009 年 12 月 26 日，根据设计室报送的蓝海公园设计项目完工进度表，使用完工比例法计算并结转该项目的成本费用和收入。

表 2—18

蓝海公园设计项目完工进度表	
项　目	金额（元）
总收入	300000
预计总成本	200000
累计发生成本	56570

续表

项 目	金额（元）
本期成本	56570
项目起止时间	2009.11～2010.4
项目已经进行时间	2个月
完工百分比	33%
本期结转成本	66000
本月确认收入	99000

制表日期：2009年12月26日　　制表人：张图　　负责人：梁伟

（2）2009年12月28日，按照本月招待所和“蓝海公园设计”项目的经营收入计算本月应缴相关税费。

表2—19

12月份经营税费计算表						
营业税		城市维护建设税		教育费附加		税费合计
营业收入	税率	营业税	税率	营业税	税率	
68250	5%	3570	7%	3570	3%	
3412.50		249.90		107.10		

制表日期：2009年12月28日　　制表人：张庆　　负责人：工佳佳

四、实训操作

五、总结和体会

六、教师评价

第三章　事业单位资产（模块三）

第一节　流动资产的业务处理

一、实训目的

巩固流动资产的基本理论和方法，认识、熟悉实际工作中常见的流动资产业务，学会运用所学的知识分析这些经济业务，并作出正确的会计处理。

二、知识链接

流动资产是指事业单位可以随时或在 1 年内变现或者耗用的资产，具体包括现金、各项存款、应收及预付款项（包括应收票据、应收账款、预付账款、其他应收款等内容）和存货等。

三、实训资料

将现金交存开户银行基本结算账户。

表 3—1

工商银行汉京市分行进账单（收款通知）

缴款日期 2009 年 12 月 21 日 第 57 号

付款人	全　称	汉京市规划设计院	收款人	全　称	汉京市规划设计院
	账　号			账　号	78654321—01
	开户银行			开户银行	工商银行

人民币（大写）	陆万元整	千	百	十	万	千	百	十	元	角	分
				¥	6	0	0	0	0	0	0

票据种类	现金	中国工商银行汉京市三瓶街支行 2009.12.21
票据张数		
单位主管：王洪　会计：陈娜 复核：李立　记账：张飞		收款人开户银行盖章

此联是收款人开户银行交收款人的收账通知

四、实训操作

五、总结和体会

六、教师评价

第二节 固定资产的业务处理

一、实训目的

巩固固定资产的基本理论和方法，认识、熟悉实际工作中常见的固定资产业务，学会运用所学的知识分析这些经济业务，并作出正确的会计处理。

二、知识链接

固定资产是指使用年限在 1 年以上，单位价值在规定标准以上，并在使用过程中保持原来物质形态的资产，包括房屋和建筑物、专用设备、一般设备、文物和陈列品、图书等。

（1）购置固定资产的核算。事业单位购置固定资产时，应按资金来源分别借记“事业支出”、“专款支出”、“专用基金——修购基金”等账户，贷记“银行存款”等账户；同时，借记“固定资产”账户，贷记“固定基金”账户。

（2）接受捐赠固定资产的核算。单位收到捐赠的固定资产时，根据捐赠者提供的有关单据或按同类固定资产的市场价格确定入账价值，借记“固定资产”账户，贷记“固定基金”账户。

（3）融资租入固定资产的核算。事业单位租入的固定资产，若为临时性的，则为经营性租赁；若为长期性的，则为融资性租赁。

融资租入的固定资产，按照协议价（支付的代价），借记“固定资产”账户，贷记“其他应付款”账户；支付租金时，借记有关支出账户（经营支出、事业支出等），贷记“固定基金”账户；同时，借记“其他应付款”账户，贷记“银行存款”账户。

（4）固定资产转让的核算。事业单位转让固定资产时，按实际收到的价款，借记“银行存款”账户，贷记“专用基金——修购基金”账户；同时，按固定资产原价，借记“固定基金”账户，贷记“固定资产”账户。

（5）固定资产盘亏。事业单位盘亏固定资产，按盘亏固定资产的原值，借记“固定基金”账户，贷记“固定资产”账户。

三、实训资料

2009 年 12 月 22 日，收到兴旺国际发展有限公司捐赠的专业图书一批，购买专业资料的资金一笔。图书已验收，捐款到账。

表 3—2

固定资产验收单

2009 年 12 月 22 日

名称规格	单位	数量	总值金额										总值中的安装费	存放地点
			千	百	十	万	千	百	十	元	角	分		
图书	册	7000		¥	5	0	0	0	0	0	0	0		阅览室
附注：														

验收部门：　　验收人：张军　　部门负责人：王丽红　　制单：张虎

表 3—3

捐赠协议（摘要）

甲方（捐赠方）：兴旺国际发展有限公司

乙方（被捐赠方）：汉京市规划设计院

甲方向乙方捐赠专业图书一批，按照图书标价总计 50 万元；购买其他专业资料的资金人民币 20 万元。

表 3—4

工商银行汉京市分行进账单（收款通知）

缴款日期　2009 年 12 月 22 日　　第 52 号

付款人	全　　称	兴旺国际发展有限公司	收款人	全　　称	汉京市规划设计院
	账　　号	9465120155		账　　号	78654321—01
	开户银行	中信银行		开户银行	工商银行

人民币（大写）	贰拾万元整	千	百	十	万	千	百	十	元	角	分
			¥	2	0	0	0	0	0	0	0

票据种类	转账支票	中国工商银行汉京市三瓶街支行 2009.12.22
票据张数	壹	
单位主管：王洪　会计：陈娜 复核：李立　记账：张飞		收款人开户银行盖章

此联是收款人开户银行交收款人的收账通知

表 3—5

汉京市行政事业性统一银钱收据

No. 1127

支票号：1210259

今收到兴旺国际发展有限公司

交来购买专业资料的捐赠资金

人民币（大写）贰拾万元整

收款单位：　汉京市规划设计院财务章　（公章）　　收款人：舒思思（签章）

2009 年 12 月 22 日

第一联　记账联

四、实训操作

五、总结和体会

六、教师评价

第三节 对外投资与无形资产的业务处理

一、实训目的

巩固对外投资与无形资产的基本理论和方法，认识、熟悉实际工作中常见的对外投资与无形资产业务，学会运用所学的知识分析这些经济业务，并作出正确的会计处理。

二、知识链接

（1）对外投资。对外投资是指事业单位利用货币资金、实物或无形资产等方式向其他单位的投资，包括债券投资和其他投资。前者是指事业单位以购买国库券和其他各种债券的形式进行的对外投资；后者是指事业单位以货币资金、实物或无形资产等方式与其他单位共同出资组成合资或者联营实体的对外投资。

（2）无形资产。无形资产是指无实物形态的，用于生产商品或者提供劳务、出租给他人，或为了管理目的，使用年限超过一年的非货币性资产，包括专利权、商标权、非专利技术、著作权、商誉、土地使用权等。其特征有：无实物形态、具有垄断性、收益的不确定性以及可供长期使用。

事业单位购入或自行开发并按法律程序申请取得无形资产应按实际支出数，借记“无形资产”账户，贷记“银行存款”等账户。各种无形资产应合理摊销，不实行内部成本核算的事业单位，对其购入和自行开发的无形资产进行摊销时，应一次记入“事业支出”账户，借记“事业支出”账户，贷记“无形资产”账户。对于实行内部成本核算的事业单位，其无形资产应在受益期内分期摊销，摊销时借记“经营支出”账户，贷记“无形资产”账户。事业单位向外转让已入账的无形资产的所有权，其转让收入，借记“银行存款”账户，贷记“事业收入”账户；结转转让无形资产的成本，借记“事业支出——其他费用”或“经营支出——其他费用账户”，贷记“无形资产”账户。

三、实训资料

2009 年 12 月 23 日，所购买的国库券到期兑付，本利合计已转入开户银行基本结算账户，到期收回的本金中有 100 万元为留本基金中的专家奖励基金。

表 3—6

中国工商银行证券对付结算单		
2009 年 12 月 23 日		
卡号/存折号	20023225—01	
储蓄种类	存期	利率
其他储种	5 年	3%
本金	利息	税率
人民币 3000000.00	450000.00	0.00%
利息	自动转存已扣税	本次代扣税
450000.00	0.00	0.00
税后利息	本次实付利息金额	备注
450000.00	3450000.00	

表 3—7

<table>
<tr><td colspan="16">工商银行汉京市分行进账单（收款通知）</td></tr>
<tr><td colspan="16">缴款日期 2009 年 12 月 23 日　　第 53 号</td></tr>
<tr><td rowspan="3">付款人</td><td>全 称</td><td colspan="2">工商银行汉京市三瓶街支行</td><td rowspan="3">收款人</td><td>全 称</td><td colspan="10">汉京市规划设计院</td></tr>
<tr><td>账 号</td><td colspan="2"></td><td>账 号</td><td colspan="10">78654321—01</td></tr>
<tr><td>开户银行</td><td colspan="2"></td><td>开户银行</td><td colspan="10">工商银行</td></tr>
<tr><td colspan="2" rowspan="2">人民币
（大写）</td><td colspan="4" rowspan="2">叁佰肆拾伍万元整</td><td>千</td><td>百</td><td>十</td><td>万</td><td>千</td><td>百</td><td>十</td><td>元</td><td>角</td><td>分</td></tr>
<tr><td>¥</td><td>3</td><td>4</td><td>5</td><td>0</td><td>0</td><td>0</td><td>0</td><td>0</td><td>0</td></tr>
<tr><td colspan="2">票据种类</td><td colspan="4">转账支票</td><td colspan="10" rowspan="3">中国工商银行汉京市三瓶街支行 2009.12.23
收款人开户银行盖章</td></tr>
<tr><td colspan="2">票据张数</td><td colspan="4">壹</td></tr>
<tr><td colspan="6">单位主管：王洪　　会计：陈娜
复核：李立　　记账：张飞</td></tr>
</table>

此联是收款人开户银行交收款人的收账通知

四、实训操作

五、总结和体会

六、教师评价

第四章　事业单位负债（模块四）

第一节　应缴款项的业务处理

一、实训目的

巩固应缴款项的基本理论和方法，认识、熟悉实际工作中常见的应缴款项业务，学会运用所学的知识分析这些经济业务，并作出正确的会计处理。

二、知识链接

（1）应缴预算款。应缴预算款是指事业单位按规定应缴国家预算的收入，主要包括事业单位代收的纳入预算管理的基金、行政性收费收入、罚没收入、无主财物变价收入和其他按预算管理规定应上缴预算的款项。事业单位取得应缴预算的各项收入时，借记“银行存款”等账户，贷记“应缴预算款”账户；上缴时，借记“应缴预算款”账户，贷记“银行存款”等账户。

（2）应缴财政专户款。按照《国务院关于加强预算外资金管理的决定》规定，国家机关、事业单位和社会团体为了履行和代行政府职能，依据国家法律、法规和具有法律效力的规章而收取、提取和安排使用的未纳入国家预算管理的各种财政性资金，属于预算外资金。

事业单位收到应缴财政专户的各项收入时，借记“银行存款”等账户，贷记“应缴财政专户款”账户；上缴财政专户时，作相反的会计分录。实行预算外资金结余上缴办法的单位定期结算预算外资金结余时，借记“事业收入”账户，贷记“应缴财政专户款”账户。

三、实训资料

（1）2009 年 12 月 10 日，收到霓虹住房开发有限公司建设银行转账支票，交来城市房屋安全鉴定费，属于预算内资金。

表 4—1

<table>
<tr><td colspan="14">工商银行汉京市分行进账单（收款通知）</td></tr>
<tr><td colspan="11">缴款日期　2009 年 12 月 23 日</td><td colspan="3">第 54 号</td></tr>
<tr><td rowspan="3">付款人</td><td>全　称</td><td colspan="2">霓虹住房开发有限公司</td><td rowspan="3">收款人</td><td>全　称</td><td colspan="8">汉京市规划设计院</td></tr>
<tr><td>账　号</td><td colspan="2">36688212—02</td><td>账　号</td><td colspan="8">78654321—01</td></tr>
<tr><td>开户银行</td><td colspan="2">建设银行</td><td>开户银行</td><td colspan="8">工商银行</td></tr>
<tr><td colspan="2" rowspan="2">人民币（大写）</td><td colspan="2" rowspan="2">贰仟元整</td><td>千</td><td>百</td><td>十</td><td>万</td><td>千</td><td>百</td><td>十</td><td>元</td><td>角</td><td>分</td></tr>
<tr><td></td><td></td><td></td><td>¥</td><td>2</td><td>0</td><td>0</td><td>0</td><td>0</td><td>0</td></tr>
<tr><td colspan="2">票据种类</td><td colspan="2"></td><td colspan="10" rowspan="3">中国工商银行汉京市三瓶街支行 2009.12.23
收款人开户银行盖章</td></tr>
<tr><td colspan="2">票据张数</td><td colspan="2"></td></tr>
<tr><td colspan="3">单位主管：王洪
复核：李立</td><td>会计：陈娜
记账：张飞</td></tr>
</table>

此联是收款人开户银行交收款人的收账通知

表 4—2

汉京市行政事业性统一收费票据											
No. 21358652											
财 B—03—02		支票号：2352145									
缴款单位或个人	霓虹住房开发有限公司	购领证号 S546582									
收费项目名称	收费标准	金额									
		千	百	十	万	千	百	十	元	角	分
城市房屋安全鉴定费						2	0	0	0	0	0
合计					¥	2	0	0	0	0	0
金额（大写）贰仟元整											

收据联

收费单位（印章）汉京市规划设计院财务章　　收款人（章）舒思思

2009 年 12 月 10 日

（2）2009 年 12 月 11 日，收到参加专业技术职称资格考试培训班王文交来学费，属于预算外资金。

表 4—3

汉京市行政事业性统一银钱收据

No. 1128

支票号：

今收到王文

交来学费

人民币（大写）陆百元整

收款单位：　汉京市规划设计院财务章　　收款人：舒思思（签章）

（公章）　　2009 年 12 月 11 日

第一联　记账联

（3）2009 年 12 月 12 日，开出工商银行基本存款户转账支票，将 12 月 11 日所收预算外资金缴入预算外资金财政汇缴专户。

表 4—4

中国工商银行转账支票存根

支票号码：00632907

科　　目：______________

对方科目：______________

出票日期：2009 年 12 月 12 日

收 款 人：预算外资金财政专户

金　　额：陆佰元整

用　　途：预算外资金

单位主管：王洪　　　　会计：陈娜

表 4—5

<table>
<tr><td colspan="6">非税收收入一般缴款书（回单）1　　No. A12. 3</td></tr>
<tr><td colspan="6">填制日期 2009 年 12 月 12 日　　执收单位名称：工商银行　　执收单位编码：111</td></tr>
<tr><td colspan="6">组织机构代码：222</td></tr>
<tr><td rowspan="3">付款人</td><td>全　称</td><td>王文</td><td rowspan="3">收款人</td><td>全　称</td><td>汉京市规划设计院预算外资金专户</td></tr>
<tr><td>账　号</td><td></td><td>账　号</td><td>78654321—01</td></tr>
<tr><td>开户银行</td><td></td><td>开户银行</td><td>工商银行</td></tr>
</table>

<table>
<tr><td rowspan="2">货币种：人民币
金额（大写）：陆佰元整</td><td>千</td><td>百</td><td>十</td><td>万</td><td>千</td><td>百</td><td>十</td><td>元</td><td>角</td><td>分</td></tr>
<tr><td></td><td></td><td></td><td></td><td>¥</td><td>6</td><td>0</td><td>0</td><td>0</td><td>0</td></tr>
</table>

收入项目编码	收入项目名称	单位	数量	收缴标准	金额
209	学费	人	1	600.00	600.00

<table>
<tr><td>单位主管：王洪　　会计：陈娜
复核：李立　　记账：张飞</td><td>上述款项已收妥并划转收款单位账户（银行盖章）
中国工商银行汉京市三瓶街支行 2009.12.12
复核员：张伟　　记账员：袁远
出纳员：卢卡</td></tr>
</table>

四、实训操作

五、总结和体会

六、教师评价

第二节 其他负债的业务处理

一、实训目的

巩固其他负债的基本理论和方法，认识、熟悉实际工作中常见的其他负债业务，学会运用所学的知识分析这些经济业务，并作出正确的会计处理。

二、知识链接

（1）应付票据是指事业单位对外发生债务时所开出、承兑的商业汇票，包括银行承兑汇票和商业承兑汇票。按国家有关规定，单位之间只有在商品交易的情况下，才能使用商业汇票结算方式。

单位开出、承兑汇票或以汇票抵付货款，借记“材料”、“应付账款”等账户，贷记“应付票据”账户。支付银行承兑汇票的手续费，借记“经营支出”账户（实行成本核算单位）、“事业支出”（非成本核算单位）账户，贷记“银行存款”账户。收到银行支付本息通知时，借记“应付票据”、“经营支出”、“事业支出”账户，贷记“银行存款”账户。

（2）应付账款是指因购买材料、商品或接受劳务供应等而发生的应付给供应单位的款项，是买卖双方在购销活动中由于取得物资与支付货款在时间上不一致而产生的负债。

单位购入材料、物资等已验收入库，但货款尚未支付时，应根据有关凭证，借记“材料”等有关账户，贷记“应付账款”账户。对于期末尚未收到发票账单的收料凭证，应分别材料、商品科目抄列清单，并按暂估价入账，借记“材料”等账户，贷记“应付账款——暂估应付账款”账户，下月初用红字作同样的记录，予以冲回，以便下月付款按正常程序进行处理。单位接受其他单位提供的劳务而发生的应付未付款项，应根据供应单位提供的发票账单，借记有关成本费用账户，贷记“应付账款”账户。单位偿付应付账款时，借记“应付账款”账户，贷记“银行存款”等账户。单位开出、承兑商业汇票抵冲应付账款时，借记“应付账款”账户，贷记“应付票据”账户。

（3）其他应付款。单位除了应付票据、应付账款和预收账款等以外，还会发生一些应付、暂收其他单位或个人的款项。例如应付租入固定资产的租金、存入保证金、应付统筹退休金、个人交存的住房公积金等，这便是其他应付款核算的内容。事业单位发生的各种应付、暂收款项，借记“银行存款”、“事业支出”、“经营支出”等账户，贷记“其他应付款”账户；支付时，借记“其他应付款”账户，贷记“银行存款”等账户。

三、实训资料

（1）2009 年 12 月 3 日，收到所属材料厂交来工商银行转账支票，为上交管理费，由于材料厂不应交管理费，因此此笔款项先计入其他应付款，待查明原因后再作处理。

表 4—6

<table>
<tr><td colspan="15">工商银行汉京市分行进账单（收款通知）</td></tr>
<tr><td colspan="15">缴款日期 2009 年 12 月 3 日　　第 59 号</td></tr>
<tr><td rowspan="3">付款人</td><td>全称</td><td colspan="2">汉京市规划设计院材料厂</td><td rowspan="3" colspan="2">收款人</td><td colspan="2">全称</td><td colspan="7">汉京市规划设计院</td></tr>
<tr><td>账号</td><td colspan="2">36688215—02</td><td colspan="2">账号</td><td colspan="7">78654321—01</td></tr>
<tr><td>开户银行</td><td colspan="2">工商银行</td><td colspan="2">开户银行</td><td colspan="7">工商银行</td></tr>
<tr><td colspan="2" rowspan="2">人民币（大写）</td><td rowspan="2">叁拾万元整</td><td>千</td><td>百</td><td>十</td><td>万</td><td>千</td><td>百</td><td>十</td><td>元</td><td>角</td><td>分</td><td colspan="2"></td></tr>
<tr><td></td><td>¥</td><td>3</td><td>0</td><td>0</td><td>0</td><td>0</td><td>0</td><td>0</td><td>0</td><td colspan="2"></td></tr>
<tr><td colspan="2">票据种类</td><td>转账支票</td><td colspan="12" rowspan="3">中国工商银行汉京市三瓶街支行 2009.12.03
收款人开户银行盖章</td></tr>
<tr><td colspan="2">票据张数</td><td>壹</td></tr>
<tr><td colspan="3">单位主管：王洪　会计：陈娜
复核：李立　记账：张飞</td></tr>
</table>

此联是收款人开户银行交收款人的收账通知

表 4—7

汉京市行政事业性统一银钱收据		
		No. 1131
		支票号：
今收到汉京市规划设计院材料厂		
交来管理费		
人民币（大写）叁拾万元整		
收款单位：	汉京市规划设计院财务章	收款人：舒思思（签章）
	（公章）	2009 年 12 月 3 日

第一联　记账联

（2）2009 年 12 月 4 日，从兴源电子材料厂购进科研材料一批，材料已验收入库，尚未付款。

表 4—8

入库单

库别：科研材料　　2009 年 12 月 4 日　　第 32 号

名称	单位	数量	单价	金额										备注
				千	百	十	万	千	百	十	元	角	分	
科研材料						¥	3	5	1	0	0	0	0	

主管：张新　　会计：朱红　　保管员：刘欢　　经手人：朱莲华

（3）2009 年 12 月 5 日，收到汉京市蓝海公园管理处转账支票一张，为合同要求支付的“蓝海公园设计”项目款。该项目属于对外经营性服务项目，预计 2010 年 10 月完成。

表 4—9

<table>
<tr><td colspan="15">工商银行汉京市分行进账单（收款通知）</td></tr>
<tr><td colspan="15">缴款日期　2009 年 12 月 5 日　　　　第 60 号</td></tr>
<tr><td rowspan="3">付款人</td><td>全　称</td><td colspan="3">汉京市蓝海公园管理处</td><td rowspan="3">收款人</td><td colspan="2">全　称</td><td colspan="7">汉京市规划设计院</td></tr>
<tr><td>账　号</td><td colspan="3">36688301—02</td><td colspan="2">账　号</td><td colspan="7">78654321—01</td></tr>
<tr><td>开户银行</td><td colspan="3">农业银行</td><td colspan="2">开户银行</td><td colspan="7">工商银行</td></tr>
<tr><td colspan="2" rowspan="2">人民币
（大写）</td><td rowspan="2">陆万元整</td><td>千</td><td>百</td><td>十</td><td>万</td><td>千</td><td>百</td><td>十</td><td>元</td><td>角</td><td>分</td></tr>
<tr><td></td><td></td><td>¥</td><td>6</td><td>0</td><td>0</td><td>0</td><td>0</td><td>0</td><td>0</td></tr>
<tr><td colspan="2">票据种类</td><td>转账支票</td><td colspan="10" rowspan="3">中国工商银行汉京市三瓶街支行 2009.12.05

收款人开户银行盖章</td></tr>
<tr><td colspan="2">票据张数</td><td>壹</td></tr>
<tr><td colspan="3">单位主管：王洪　　会计：陈娜
复核：李立　　记账：张飞</td></tr>
</table>

此联是收款人开户银行交收款人的收账通知

表 4—10

汉京市行政事业性统一银钱收据

No. 1133

支票号：12345255

今收到汉京市蓝海公园管理处

交来项目设计费

人民币（大写）陆万元整

收款单位：　　汉京市规划设计院财务章　　收款人：舒思思（签章）

（公章）　　2009 年 12 月 5 日

第一联　记账联

（4）2009 年 12 月 20 日，开出转账支票，支付应付未付款项。

表 4—11

中国工商银行转账支票存根

支票号码：00632907

科　　目：

对方科目：

出票日期：2009 年 12 月 20 日

收 款 人：兴源电子材料厂

金　　额：叁万伍仟壹佰元整

用　　途：材料价款

单位主管：王洪　　　　会计：陈娜

表 4—12

汉京市增值税专用发票

发票联 国税章

开票日期：2009 年 12 月 20 日　　　　No. 3265

购货单位	名　　称	汉京市规划设计院	税务登记号	321321
	地址电话	汉京市三瓶街 20 号	开户银行及账号	工商银行 78654321—01

货物或应税劳务名称	规格型号	计量单位	数量	单价	金额							税率	税额						
					万	千	百	十	元	角	分		万	千	百	十	元	角	分
材料					3	0	0	0	0	0	0	17%		5	1	0	0	0	0
价税合计	叁万伍仟壹佰元整																		
备注																			

销货单位	名称	兴源电子材料厂	税务登记号	456456
	地址	汉京市三瓶街 50 号	开户银行及账号	工商银行 87624321—01

发票联

销货单位 兴源电子材料厂发票专用章　　收款人：朱昌　　复核：张图　　开票人：王林

四、实训操作

五、总结和体会

六、教师评价

第五章　事业单位净资产（模块五）

第一节　事业基金的业务处理

一、实训目的

巩固事业基金的基本理论和核算方法等知识；认识、熟悉事业基金的账务处理过程，学会运用所学的知识分析这些经济业务，并作出正确的会计处理；将书本知识转化为处理会计实务的技能。

二、知识链接

事业单位净资产是指资产减去负债的差额，包括事业基金、固定基金、专用基金、结余等。

事业基金是指事业单位拥有的非限定用途的净资产。其来源主要包括滚存结余、专项结余、投资差额、经营结余分配后转入。①各年收支结余的滚存数，是事业基金的主要来源。②已完项目的拨入专款结余，按规定留给本单位使用的，转入事业基金。③单位年终结账后，发生以前年度会计事项调整或变更，涉及以前年度结余的，一般应直接转入或冲减事业基金。但国家有规定的，从其规定。④对外投资时，投出资产的评估价或合同、协议确定的价值与账面价值的差额，直接记入或冲减事业基金。

事业单位应设置“事业基金”账户，用来核算单位拥有的非限定用途的净资产。该账户贷方登记“结余分配”账户转入数或其他原因引起的增加数；借方登记冲减数。该账户贷方余额反映单位实际拥有的非限定用途的净资产。该账户应按核算的业务内容下设“一般基金”和“投资基金”两个明细账户。“一般基金”主要用以核算滚存结余资金；“投资基金”用以核算对外投资部分的基金。

三、实训资料

（1）2010 年 3 月 21 日，以营业用房 200m² 作价 85000 元对外投资。

表 5—1

××市财经学院　出库单

2010 年 3 月 21 日　　编号：032

名称	单位	数量	单价	金额	原始单据字号	备　注
营业用房	m^2	200	400	80000		联营投出
						协议作价 85000 元

第二联　记账

主管　　会计　　验收：刘洪　　经办：李娜

（2）2010 年 3 月 25 日，经协商向长发公司投资 400000 元，其中货币资金 200000 元，设备一台，原价 220000 元，评估价 200000 元。附：支票存根、投资协议、固定资产调拨单。

表 5—2

中国建设银行转账支票存根

Ⅶ V 00632907

科　　目：

对方科目：

出票日期：2010 年 3 月 25 日

收 款 人：长发公司

金　　额：200000.00

用　　途：对外投资

单位主管：　　　　会计：

表 5—3

投资协议

经双方协商，××市财经学院向长发公司投资。总投资 40 万元，其中机器设备一台，原值 220000 元，评估价值 200000 元；以银行存款支付。

期限 10 年。按投资比例分配利润。

投资单位：××市财经学院　　　　接受投资单位：长发公司

2010 年 3 月 25 日　　　　2010 年 3 月 25 日

表 5—4

××市财经学院固定资产调拨单								
2010 年 3 月 25 日								
投资单位名称：长发公司								
固定资产名称	规格型号	单位	数量	预计使用年限	已使用年限	原始价值（元）	已提折旧	备注
机器		台	1	12	3	220000		
技术鉴定		设备完好		评估价值			200000 元	
单位盖章：××市财经学院						接受单位盖章		

四、实训操作

五、总结和体会

六、教师评价

第二节 专用基金和固定基金的业务处理

一、实训目的

巩固专用基金和固定基金的基本理论和核算方法等知识；认识、熟悉事业基金的账务处理过程，学会运用所学的知识分析这些经济业务，并作出正确的会计处理；将书本知识转化为处理会计实务的技能。

二、知识链接

专用基金是指事业单位按规定提取或者设置的专门用途的资金。事业单位提取或设置的专用基金主要有修购基金、职工福利基金、医疗基金和住房基金。专用基金的管理应遵循“先提后用、专设账户、专款专用”的原则。专用基金应按比例提取、按规定支出、按计划收支。事业单位应设置“专用基金”账户，用来核算单位按规定提取、设置的有专门用途的资金的收支及结存情况。该账户贷方登记单位按规定收入、提取或设置的基金，借方登记基金的使用或冲减数。该账户贷方余额为单位专用基金结存数。该账户应按专用基金的种类设置明细账户，进行明细核算。

固定基金是指事业单位占有的或使用的各项固定资产所占用的基金。固定基金是事业单位固定资产的资金来源，一般都是由财政或上级主管部门投入的，也可以是其他单位投入、融资租入或单位自筹资金购建的。

固定基金的内容按其形成的方式不同可分为以下几个方面：

（1）事业单位新建固定资产而形成的固定基金。

（2）事业单位购入、调入固定资产而形成的固定基金。

（3）事业单位自制固定资产而形成的固定基金。

（4）融资租入固定资产而形成的固定基金。

（5）接受捐赠固定资产而形成的固定基金。

（6）接受其他单位投资转入固定资产而形成的固定基金。

（7）盘盈固定资产而形成的固定基金。

为了总括地核算和监督固定基金的增减变动及结存情况，事业单位应设置“固定基金”（净资产类）账户。其贷方登记固定基金增加数，借方记减少数，其贷方余额表示事业单位所拥有的固定基金总值。该账户的期末余额与“固定资产”账户的期末余额应保持相对应的关系（有融资租入固定资产的除外）。

三、实训资料

（1）专用基金。

表 5—5

××市财经学院修购基金提取计算单				
2010 年 3 月 30 日				
提取依据	基数	提取比例	提取金额	备注
事业收入	5000000.00	6%	300000.00	
经营收入	200000.00	6%	12000.00	
合计	5200000.00		312000.00	

表 5—6

××市财经学院福利费、住房基金提取计算单					
项　目		计提基数	提取比例	提取金额	备注
福利费	教学人员	144300.00	2.5%	3607.50	
	经营人员	2200.00	2.5%	55.00	
住房基金	教学人员	144300.00	5%	7215.00	
	经营人员	2200.00	5%	110.00	

表 5—7

中国建设银行转账支票存根

Ⅶ V 00632908

科　　目：

对方科目：

出票日期：2010 年 3 月 28 日

收 款 人：××市建筑安装公司

金　　额：21840.00

用　　途：维修款

单位主管：　　　　　会计：

表 5—8

××市建筑安装业统一发票

付款方：××市财经学院　　　2010 年 3 月 28 日　　　No：784193

工程名称	办公楼	面积		竣工时间									
项目名称	单位	数量	单价	金额									备注
				百	十	万	千	百	十	元	角	分	
维修工程款						2	1	8	4	0	0	0	修购基金开支
					¥	2	1	8	4	0	0	0	
人民币（大写）贰万壹仟捌佰肆拾元整													
建设施工单位	××市建筑安装公司			结算方式				转账支票					

（2）固定基金。

表 5—9

<table>
<tr><td colspan="5">××市人民政府控制社会集团
购买力办公室购买专项控制商品证明单</td></tr>
<tr><td colspan="4">购货单位：××市财经学院</td><td>No：000432</td></tr>
<tr><td>商品名称</td><td>计算单位</td><td>数量</td><td>每件最高金额</td><td>备注</td></tr>
<tr><td>车</td><td>辆</td><td>1</td><td>25 万</td><td></td></tr>
<tr><td></td><td></td><td></td><td></td><td></td></tr>
<tr><td></td><td></td><td></td><td></td><td></td></tr>
</table>

经办人：王安　　　　2010 年 3 月 1 日填发

表 5—10

<table>
<tr><td colspan="5">准 购 证</td></tr>
<tr><td colspan="3">购货单位：××市财经学院（机动车）</td><td colspan="2">2010 控购车字第 0005 号 AZ</td></tr>
<tr><td>车辆名称</td><td>数量单位</td><td>数量（大写）</td><td>金额（元）</td><td>备注</td></tr>
<tr><td>依维柯</td><td>辆</td><td>壹</td><td>209098</td><td></td></tr>
<tr><td></td><td></td><td></td><td></td><td></td></tr>
<tr><td></td><td></td><td></td><td></td><td></td></tr>
<tr><td></td><td></td><td></td><td></td><td></td></tr>
<tr><td></td><td></td><td></td><td></td><td></td></tr>
</table>

第六联：购买单位存查

注：1. 此证不准私自涂改、转让。

2. 仅限于当年有效。

表 5—11

中国建设银行转账支票存根

Ⅶ V 00632909

科　　目：

对方科目：

出票日期：2010 年 3 月 28 日

收 款 人：江苏省机电设备总公司

金　　额：209098.00

用　　途：购车款

单位主管：　　　　　　会计：

表 5—12

<table>
<tr><td colspan="14">江苏省南京市工商企业通用发票</td></tr>
<tr><td colspan="14">发 票 联</td></tr>
<tr><td colspan="14">购货单位：××市财经学院　　税务登记号：＿＿＿＿＿＿　　开票日期 2010 年 3 月 28 日</td></tr>
<tr><td rowspan="2">经营项目</td><td rowspan="2">规格</td><td rowspan="2">单位</td><td rowspan="2">数量</td><td rowspan="2">单价</td><td colspan="9">金额</td></tr>
<tr><td>百</td><td>十</td><td>万</td><td>千</td><td>百</td><td>十</td><td>元</td><td>角</td><td>分</td></tr>
<tr><td>依维柯</td><td>A40. 102E</td><td>辆</td><td>壹</td><td>178716. 24</td><td></td><td>1</td><td>7</td><td>8</td><td>7</td><td>1</td><td>6</td><td>2</td><td>4</td></tr>
<tr><td>税（17%）</td><td></td><td></td><td></td><td></td><td></td><td></td><td>3</td><td>0</td><td>3</td><td>8</td><td>1</td><td>7</td><td>6</td></tr>
<tr><td></td><td></td><td></td><td></td><td></td><td></td><td></td><td></td><td></td><td></td><td></td><td></td><td></td><td></td></tr>
<tr><td></td><td></td><td></td><td></td><td></td><td>¥</td><td>2</td><td>0</td><td>9</td><td>0</td><td>9</td><td>8</td><td>0</td><td>0</td></tr>
<tr><td>人民币合计
（大写）</td><td colspan="13">贰拾万零玖仟零玖拾捌元零角零分　　　　¥209098. 00</td></tr>
<tr><td rowspan="2">企业名称</td><td colspan="3" rowspan="2">江苏省机电设备总公司
（加盖发票专用章）</td><td>开户行</td><td colspan="4">省农行</td><td colspan="2">结算方式</td><td colspan="3"></td></tr>
<tr><td>账号</td><td colspan="4">332220870000082</td><td colspan="2">电 话</td><td colspan="3"></td></tr>
</table>

②客户收执

地址：　　　　　　　　开票人（章）：李好　　　收款人（章）：

表 5－13

中国建设银行转账支票存根
Ⅶ Ⅴ 00632910
科　　目：
对方科目：
出票日期：2010 年 3 月 29 日
收 款 人：江苏省机电设备总公司
金　　额：17871.62
用　　途：购车款
单位主管：　　　　会计：

表 5－14

车辆购置附加费缴款收据					
	2010－3－29			(10) 44880006623	
车主	××市财经学院				
车辆厂型号	依维柯 A40.102E		国产/进口		国产
车辆计费价格	178716.24	缴费金额	17871.62	滞纳金	0.00
合计金额（大写）	壹万柒仟捌佰柒拾壹元陆角贰分				

第二联　回执

征收单位：××市财经学院　　　收款人：××　　　制据人：××

四、实训操作

五、总结和体会

六、教师评价

第六章　事业单位会计报表（模块六）

第一节　资产负债表的编制

一、实训目的

巩固事业单位资产负债表的基本理论和编制方法等知识；认识、熟悉事业单位资产负债表的编制过程；将书本知识转化为处理会计实务的技能。

二、知识链接

事业单位会计报表是反映事业单位财务状况和收支情况的书面文件，是财政部门和上级单位了解情况、掌握政策、指导单位预算执行工作的重要资料，也是编制下年度单位财务收支计划的基础。

资产负债表是反映事业单位一定时点财务状况的报表。它是根据资产、负债、收入、支出、净资产之间的相互关系，按照一定分类标准和一定顺序，把事业单位在一定日期的资产、负债、收入、支出、净资产各项目予以适当排列后编制而成的。

资产负债表向有关方面提供以下几方面的信息资料：

（1）事业单位某一日期所掌握的经济资源及这些资源的分布和结构。

（2）事业单位某一日期负债总额及其结构。

（3）事业单位的净资产情况。

（4）通过对资产负债表的分析，可以了解事业单位的财务实力、短期偿债能力和支付能力，若把前后期的资产负债表加以对照分析，还可以看出事业单位资产负债变化情况及财务状况的发展趋势。

资产负债表的格式，目前国际上流行的有账户式和报告式两种。我国事业单位资产负债表分为左右两方，左方列示资产部类项目，右方列示负债部类项目。

三、实训资料

（1）武汉××学院2009年（上年）12月31日资产负债表如表6—1所示。

表6—1

资产负债表							
2009年12月31日							
单位名称：××市财经学院							单位：元
科目编号	资产部类	年初数	期末数	科目编号	负债部类	年初数	期末数
	一、资产类				二、负债类		
101	现金		2000	201	借入款项		200000
102	银行存款		413000	202	应付票据		16400
103	零余额账户用款额度			203	应付账款		150000

续表

科目编号	资产部类	年初数	期末数	科目编号	负债部类	年初数	期末数
105	应收票据		17800		预收账款		18700
106	应收账款		20000	204	其他应付款		70900
108	预付账款		4700	207	应缴预算款		
110	其他应收款		7500	208	应缴财政专户款		
115	材料		320000	209	应缴税金		5000
116	产成品		104000	210	应付工资（离退休费）		
117	对外投资		550000	211	应付地方（部门）津贴补贴		
120	固定资产		4981000	212	应付其他个人收入		
124	无形资产		300000		负债合计		461000
128	往来收入零余额账户存款			213			
129	往来资金财政专户存款						
	资产合计		6720000		三、基金类		
				301	事业基金		698000
					其中：一般基金		198000
					投资基金		500000
				302	固定基金		4981000
	五、支出类			303	专用基金		580000
501	拨出经费			306	事业结余		
502	拨出专款			307	经营结余		
503	专款支出				净资产合计		6259000
504	事业支出				四、收入类		
	1. 基本支出			401	财政补助收入		
	2. 项目支出			403	上级补助收入		
505	经营支出			405	事业收入		
516	上缴支出			409	经营收入		
517	对附属单位缴款			412	附属单位缴款		
520	结转自筹基建			413	其他收入		
	支出合计				收入合计		
	总　计		6720000		总　计		6720000

制表人：刘

（2）湖北××学院 2009 年 12 月 31 日年终转账前总账户及明细账户余额如表 6—2 所示。

表 6—2

总分类账及明细分类账期末余额一览表			
2009 年 12 月 31 日			
账户名称	借方余额	账户名称	贷方余额
现金	2000	借入款项	350000
银行存款	573000	应付票据	16800
应收票据	15600	应付账款	180000
应收账款	17300	预收账款	22700
预付账款	3600	其他应付款	94000
其他应收款	16500	应缴预算款	
材料	380000	应缴财政专户款	
产成品	142000	应交税金	6500
对外投资	550000	事业基金	721200
固定资产	5030000	其中：一般基金	201200
无形资产	500000	投资基金	520000
拨出经费	100000	固定基金	5030000
拨出专款	60000	专用基金	590000
专款支出	250000	事业结余	
事业支出	1370000	经营结余	
经营支出	462000	结余分配	
成本费用	11200	财政补助收入	700000
销售税金	18000	上级补助收入	100000
上缴上级支出	20000	拨入专款	340000
对附属单位补助	19000	事业收入	800000
结转自筹基建	50000	经营收入	600000
		附属单位缴款	30000
		其他收入	9000
合计	9590200	合计	9590200

注：1. 销售税金全部由经营业务负担。

2. 拨入专款结余留用。

四、实训操作

1. 检查2009年12月31日年终转账前账户余额是否平衡。

2. 根据总分类账及明细分类账的余额进行年终转账。

（1）将有关收入账户结转“事业结余”账户。

（2）将有关支出账户结转“事业结余”账户。

（3）将有关收入账户结转“经营结余”账户。

（4）将有关支出账户结转“经营结余”账户。

（5）转销“专款支出”及“拨出专款”账户（结余留用）。

（6）转销“事业结余”及“经营结余”账户。

（7）按经营结余计算应交所得税并转账。

（8）计提职工福利基金并转账。

（9）将未分配结余转作事业基金。

3. 根据年终转账后的账户余额编制 2009 年 12 月 31 日的资产负债表（填入表 6—3）。

表 6—3

资产负债表							
2009 年 12 月 31 日							
单位名称：××市财经学院							单位：元
科目编号	资产部类	年初数	期末数	科目编号	负债部类	年初数	期末数
	一、资产类				二、负债类		
101	现金			201	借入款项		
102	银行存款			202	应付票据		

续表

科目编号	资产部类	年初数	期末数	科目编号	负债部类	年初数	期末数
103	零余额账户用款额度			203	应付账款		
105	应收票据				预收账款		
106	应收账款			204	其他应付款		
108	预付账款			207	应缴预算款		
110	其他应收款			208	应缴财政专户款		
115	材料			209	应缴税金		
116	产成品			210	应付工资（离退休费）		
117	对外投资			211	应付地方（部门）津贴补贴		
120	固定资产			212	应付其他个人收入		
124	无形资产				负债合计		
128	往来收入零余额账户存款			213			
129	往来资金财政专户存款						
	资产合计				三、基金类		
				301	事业基金		
					其中：一般基金		
					投资基金		
	·			302	固定基金		
	五、支出类			303	专用基金		
501	拨出经费			306	事业结余		
502	拨出专款			307	经营结余		
503	专款支出				净资产合计		
504	事业支出				四、收入类		
	1. 基本支出			401	财政补助收入		
	2. 项目支出			403	上级补助收入		
505	经营支出			405	事业收入		
516	上缴支出			409	经营收入		
517	对附属单位缴款			412	附属单位缴款		
520	结转自筹基建			413	其他收入		
	支出合计				收入合计		
	总　计				总　计		

制表人：刘

五、总结和体会

六、教师评价

第二节　收入支出表的编制

一、实训目的

巩固事业单位收入支出表的基本理论和编制方法等知识；认识、熟悉事业单位收入支出表的编制过程；将书本知识转化为处理会计实务的技能。

二、知识链接

收入支出表是反映事业单位在一定期间的收支结余及其分配情况的报表。本表由收入、支出、结余及其分配三部分组成。该表的项目按收支的构成和结余分配情况分别揭示。通过收入支出表，可以判断事业单位的经营成果，评价业绩，预测未来发展趋向。收入支出表分为左右两部分。左半部分反映收入及结余情况；右半部分反映支出及结余分配情况。

三、实训资料

（1）武汉××学院 2008 年 12 月 31 日收入支出总表如表6—4所示。

表 6—4

收入支出总表（事业）

2008 年 12 月 31 日

单位名称：武汉××学院　　单位：元

行次	收入			行次	支出		
	项目	本期数	累计数		项目	本期数	累计数
1	一、财政补助收入		720000	1	一、拨出经费		210000
2	1. 财政直接支付		720000	2	二、拨出专款		100000
3	2. 财政授权支付		0	3	三、专款支出		20000
4	二、上级补助收入		110000	4	四、事业支出		1169000
5	三、拨入专款		120000	5	五、上缴上级支出		20000
6	四、事业收入		657600	6			
7	1. 财政直接支付		657600	7			
8	2. 财政授权支付		0	8			
9	五、经营收入		480000	9	六、经营支出		420000
10				10			
11	六、附属单位缴款		25000	11	七、对附属单位补助		5000
12				12			
13	七、其他收入		1400	13	八、结转自筹基建		80000
14				14	九、销售税金		20000
15				15			
16	收入总计		2114000	16	支出总计		2044000
17	八、结余		70000	17	结余分配		70000
18	1. 事业结余		30000	18	1. 应交所得税		13200

续表

行次	收 入			行次	支 出		
	项 目	本期数	累计数		项 目	本期数	累计数
19	2. 经营结余		40000	19	2. 提取专用基金		22720
20				20	3. 转入事业基金		34080
21	转入事业基金		34080	21	4. 其他		

制表人：刘

（2）武汉××学院2009年12月31日全部收支账户及结余分配账户本年累计发生额如表6—5所示。

表6—5

收入、支出账户本月（本年累计）发生额一览表			
2009年12月31日			
账户名称	借方发生额	账户名称	贷方发生额
专款支出	250000	拨入专款	340000
拨出经费	100000	财政补助收入	700000
拨出专款	60000	上级补助收入	100000
上缴上级支出	20000	附属单位缴款	30000
对附属单位补助	19000		
事业支出	1370000	事业收入	800000
经营支出	462000	经营收入	600000
结转自筹基建	50000	其他收入	9000
销售税金	18000		
小计	2349000	小计	2579000
结余分配	200000	事业结余	80000
应交所得税	39600	经营结余	120000
提取专用基金	64160	事业基金	
转作事业基金	96240	一般基金	96240
小计	200000	小计	296240
合计	2549000	合计	2875240

四、实训操作

编制 2009 年 12 月 31 日的收入支出总表（见表 6—6）。

表 6—6

收入支出总表（事业）							
2009 年 12 月 31 日							
单位名称：××市财经学院							单位：元
行次	收　入			行次	支　出		
	项　目	本期数	累计数		项　目	本期数	累计数
1	一、财政补助收入			1	一、拨出经费		
2	1. 财政直接支付			2	二、拨出专款		
3	2. 财政授权支付			3	三、专款支出		
4	二、上级补助收入			4	四、事业支出		
5	三、拨入专款			5	五、上缴上级支出		
6	四、事业收入			6			
7	1. 财政直接支付			7			
8	2. 财政授权支付			8			
9	五、经营收入			9	六、经营支出		
10				10			
11	六、附属单位缴款			11	七、对附属单位补助		
12				12			
13	七、其他收入			13	八、结转自筹基建		
14				14	九、销售税金		
15	收入总计			15			
16				16	支出总计		
17	八、结余			17	结余分配		
18	1. 事业结余			18	1. 应交所得税		
19	2. 经营结余			19	2. 提取专用基金		
20				20	3. 转入事业基金		
21	转入事业基金			21	4. 其他		

制表人：刘

五、总结和体会

六、教师评价

第三节 支出明细表的编制

一、实训目的

巩固事业单位支出明细表的基本理论和编制方法等知识；认识、熟悉事业单位支出明细表的编制过程；将书本知识转化为处理会计实务的技能。

二、知识链接

事业单位的支出明细表包括事业支出明细表和经营支出明细表。事业支出明细表是反映一定时期事业支出的具体支出项目情况的报表。通过该表，可以了解掌握事业单位各项支出的具体用途和支出结构是否合理。该表根据事业支出明细账填列。

经营支出明细表是反映一定时期经营支出的具体支出项目情况的报表。本表根据经营支出明细账填列。

三、实训资料

××市财经学院2009年12月发生以下支出事项，其中事业支出有：

（1）收到银行转来的“委托收款”凭证，支付上月电话费30000元，水费20000元，电费35000元。

（2）本月应付工资总额90000元。其中，基本工资60000元，津贴30000元。扣回职工宿舍用水电费20000元。根据“离退休费用发放表”，应付离退休费50000元，从中扣回水电费2500元。

（3）按规定标准、实有人数提取职工福利费1700元，拨交工会经费5200元。

（4）单位将闲置的库存材料出售，材料账面价值2500元，售价2000元，尚未收到材料款。

（5）学校上月发放的助学金计算错误，本月收回现金500元。

（6）经批准购买1辆小汽车，价款300000元，增值税51000元，支付车辆购买附加费30000元，款项已全部付清。

（7）开出转账支票一张金额为18000元，以支付礼堂维修费。

（8）结转内部成本核算单位的已销业务成果，实际成本为5000元。

经营支出有：

（1）生产产品一批实现销售，收入为10000元，该产品适用的增值税税率为17%，该批产品成本按加权平均法计算为

5000 元。

（2）业务部门领用材料 1500 元。

（3）支付本月水费 5000 元。

（4）结转转让经营性无形资产成本 8000 元。

（5）支付技术人员进修学习费用 1800 元。

（6）购入生产设备一台，发票金额总计为 26000 元，款已付。

四、实训操作

要求：根据以上资料，填列××市财经学院 2009 年 12 月 31 日的事业支出明细表和经营支出明细表。其中，事业支出中财政拨款支出占 80%，预算外资金支出占 20%。

表 6—7

事业支出明细表

编表单位：××市财经学院　　　　年　　月　　日　　　　单位：元

项　目	合计	基本工资	补助工资	其他工资	职工福利费	社会保障费	助学金	公务费	设备购置费	修缮费	业务费	其他费用	备注
列　次	1	2	3	4	5	6	7	8	9	10	11	12	13
事业支出													
其中：													
1. 财政拨款支出													
2. 预算外资金支出													
合计													

表 6—8

经营支出明细表													
编表单位：××市财经学院				年 月 日								单位：元	
项 目	合计	基本工资	补助工资	其他工资	职工福利费	社会保障费	助学金	公务费	设备购置费	修缮费	业务费	其他费用	备注
列 次	1	2	3	4	5	6	7	8	9	10	11	12	13
经营支出													
1.													
2.													
合计													

五、总结和体会

六、教师评价

第七章　行政单位收入（模块七）

第一节　拨入经费的业务处理

一、实训目的

通过实训，了解行政单位拨入经费的基本理论和方法，认识、熟悉实际工作中常见的拨入经费业务，掌握行政单位国库集中支付制度下拨入经费的账务处理方法。

二、知识链接

（1）拨入经费是指行政单位按照经费领报关系，由财政部门或上级单位拨入的预算经费。

（2）行政单位应根据经上级主管部门或财政部门核定的季度（分月）用款计划，按经费领报关系向上级主管部门或同级财政部门申请拨款。

（3）拨入经费应按预算规定的用途使用，未经同级财政部门批准，不得擅自改变用途。拨入经费包括基本支出经费和项目支出经费。按照政府预算收支分类科目要求管理使用。

(4) 拨入经费的管理改革：2001 年开始，财政性资金通过国库单一账户体系存储、支付和清算。国库单一账户体系由下列银行账户构成：财政部门开设的国库存款账户、财政部开设的零余额账户（简称财政部零余额账户）和财政部为预算单位开设的零余额账户（简称预算单位零余额账户）、财政部开设的预算外资金账户（简称预算外资金专户）、财政部为预算单位开设的小额现金账户（简称小额现金账户）、经国务院或国务院授权财政部批准预算单位开设的特殊专户（简称特设专户）。

三、实训资料

滨江市工商行政管理局 2010 年发生如下经济业务：

(1) 3 月 2 日，收到代理银行转来的财政授权支付到账通知书，收到授权支付额度 125000 元，该支付额度在“基本支出——工业商业金融等事务——商业流通事务——行政运行”账户中反映。

表 7—1

<table>
<tr><td colspan="16">滨江市财政授权支付凭证</td></tr>
<tr><td colspan="4">资金性质：财政资金</td><td colspan="6">2010 年 3 月 2 日</td><td colspan="6">编号：32468</td></tr>
<tr><td rowspan="3">收款人</td><td>全　称</td><td colspan="2">滨江市工商行政管理局</td><td rowspan="3">付款人</td><td colspan="2">全　称</td><td colspan="9">滨江市财政局</td></tr>
<tr><td>账　号</td><td colspan="2">322403155868</td><td colspan="2">账　号</td><td colspan="9">443302448896</td></tr>
<tr><td>开户行</td><td colspan="2">滨江市工商银行</td><td colspan="2">开户行</td><td colspan="9">滨江市建设银行</td></tr>
<tr><td colspan="2">一级预算单位</td><td colspan="2">滨江市工商行政管理局</td><td colspan="2" rowspan="3">功能分类</td><td>类</td><td colspan="9">基本支出</td></tr>
<tr><td colspan="2">基层预算单位</td><td colspan="2"></td><td>款</td><td colspan="9">商业流通事务</td></tr>
<tr><td colspan="2">预算项目</td><td colspan="2">基本支出</td><td>项</td><td colspan="9">行政运行</td></tr>
<tr><td colspan="2">结算方式</td><td colspan="2">银行转账</td><td colspan="3">经济分类</td><td colspan="9"></td></tr>
<tr><td colspan="2" rowspan="2">支付金额人民币（大写）</td><td colspan="3" rowspan="2">壹拾贰万伍仟元整</td><td>亿</td><td>千</td><td>百</td><td>十</td><td>万</td><td>千</td><td>百</td><td>十</td><td>元</td><td>角</td><td>分</td></tr>
<tr><td></td><td></td><td>¥</td><td>1</td><td>2</td><td>5</td><td>0</td><td>0</td><td>0</td><td>0</td><td>0</td></tr>
<tr><td colspan="2">用　　途</td><td colspan="2">行政运行</td><td colspan="3">清算银行</td><td colspan="9">滨江市人民银行</td></tr>
<tr><td colspan="4">预算单位盖章：</td><td>银行会计分录</td><td colspan="11">（借）
对方科目
复核员：　　　　记账员：</td></tr>
</table>

第二联　退预算单位作回单

（2）3 月 6 日，收到代理银行转来的财政授权支付到账通知书，收到授权支付额度 48000 元，该支付额度在“项目支出——工业商业金融等事务——商业流通事务——肉类储备”账户中反映。

表 7—2

<table>
<tr><th colspan="16">滨江市财政授权支付凭证</th></tr>
<tr><td colspan="4">资金性质：财政资金</td><td colspan="6">2010 年 3 月 6 日</td><td colspan="6">编号：32678</td></tr>
<tr><td rowspan="3">收款人</td><td>全　称</td><td colspan="2">滨江市工商行政管理局</td><td rowspan="3">付款人</td><td>全　称</td><td colspan="10">滨江市财政局</td></tr>
<tr><td>账　号</td><td colspan="2">322403155868</td><td>账　号</td><td colspan="10">443302448896</td></tr>
<tr><td>开户行</td><td colspan="2">滨江市工商银行</td><td>开户行</td><td colspan="10">滨江市建设银行</td></tr>
<tr><td colspan="2">一级预算单位</td><td colspan="2">滨江市工商行政管理局</td><td rowspan="3">功能分类</td><td>类</td><td colspan="10">项目支出</td></tr>
<tr><td colspan="2">基层预算单位</td><td colspan="2"></td><td>款</td><td colspan="10">商业流通事务</td></tr>
<tr><td colspan="2">预算项目</td><td colspan="2">项目支出</td><td>项</td><td colspan="10">肉类储备</td></tr>
<tr><td colspan="2">结算方式</td><td colspan="2">银行转账</td><td colspan="2">经济分类</td><td colspan="10"></td></tr>
<tr><td colspan="2" rowspan="2">支付金额人民币（大写）</td><td colspan="3" rowspan="2">肆万捌仟元整</td><td>亿</td><td>千</td><td>百</td><td>十</td><td>万</td><td>千</td><td>百</td><td>十</td><td>元</td><td>角</td><td>分</td></tr>
<tr><td></td><td></td><td></td><td>¥</td><td>4</td><td>8</td><td>0</td><td>0</td><td>0</td><td>0</td><td>0</td></tr>
<tr><td colspan="2">用　途</td><td colspan="2">行政运行</td><td colspan="2">清算银行</td><td colspan="10">滨江市人民银行</td></tr>
<tr><td colspan="4">预算单位盖章：</td><td>银行会计分录</td><td colspan="11">（借）
对方科目
复核员：　　　　记账员：</td></tr>
</table>

第二联　退预算单位作回单

（3）3 月 10 日，收到财政部门委托代理银行转来的财政直接支付入账通知书及其相关的原始凭证，财政部门为行政单位支付了职工工资 155000 元，该经费应当在“基本支出——工业商业金融等事务——商业流通事务——行政运行”账户中反映。

表 7—3

<table>
<tr><th colspan="15">滨江市财政直接支付凭证</th></tr>
<tr><td colspan="3">资金性质：财政资金</td><td colspan="6">2010 年 3 月 10 日</td><td colspan="6">编号：22460</td></tr>
<tr><td rowspan="3">收款人</td><td>全　称</td><td>滨江市工商行政管理局</td><td rowspan="3">付款人</td><td>全　称</td><td colspan="10">滨江市财政局</td></tr>
<tr><td>账　号</td><td>322403155868</td><td>账　号</td><td colspan="10">443302448896</td></tr>
<tr><td>开户行</td><td>滨江市工商银行</td><td>开户行</td><td colspan="10">滨江市建设银行</td></tr>
<tr><td colspan="2">一级预算单位</td><td>滨江市工商行政管理局</td><td rowspan="3">功能分类</td><td>类</td><td colspan="10">基本支出</td></tr>
<tr><td colspan="2">基层预算单位</td><td></td><td>款</td><td colspan="10">商业流通事务</td></tr>
<tr><td colspan="2">预算项目</td><td>基本支出（职工工资）</td><td>项</td><td colspan="10">行政运行</td></tr>
<tr><td colspan="2">结算方式</td><td>银行转账</td><td colspan="2">经济分类</td><td colspan="10"></td></tr>
<tr><td colspan="2" rowspan="2">支付金额人民币（大写）</td><td colspan="3" rowspan="2">壹拾伍万伍仟元整</td><td>亿</td><td>千</td><td>百</td><td>十</td><td>万</td><td>千</td><td>百</td><td>十</td><td>元</td><td>角</td><td>分</td></tr>
<tr><td></td><td></td><td>¥</td><td>1</td><td>5</td><td>5</td><td>0</td><td>0</td><td>0</td><td>0</td><td>0</td></tr>
<tr><td colspan="2">用　途</td><td>行政运行（职工工资）</td><td colspan="2">清算银行</td><td colspan="10">滨江市人民银行</td></tr>
<tr><td colspan="3">预算单位盖章：</td><td>银行会计分录</td><td colspan="11">（借）
对方科目
复核员：　　记账员：</td></tr>
</table>

第二联　退预算单位作回单

（4）3 月 14 日，收到财政部门委托代理银行转来的财政直接支付入账通知书，财政部门为行政单位支付了为开展专项业务活动发生的经费 30000 元，该经费应当在“项目支出——工业商业金融等事务——商业流通事务——棉花专项补贴”账户中反映。

表 7—4

<table>
<tr><td colspan="17">滨江市财政直接支付凭证</td></tr>
<tr><td colspan="3">资金性质：财政资金</td><td colspan="8">2010 年 3 月 14 日</td><td colspan="6">编号：22569</td></tr>
<tr><td rowspan="3">收款人</td><td>全　称</td><td>滨江市工商行政管理局</td><td rowspan="3">付款人</td><td colspan="2">全　称</td><td colspan="11">滨江市财政局</td></tr>
<tr><td>账　号</td><td>322403155868</td><td colspan="2">账　号</td><td colspan="11">443302448896</td></tr>
<tr><td>开户行</td><td>滨江市工商银行</td><td colspan="2">开户行</td><td colspan="11">滨江市建设银行</td></tr>
<tr><td colspan="2">一级预算单位</td><td>滨江市工商行政管理局</td><td rowspan="3">功能分类</td><td colspan="2">类</td><td colspan="11">项目支出</td></tr>
<tr><td colspan="2">基层预算单位</td><td></td><td colspan="2">款</td><td colspan="11">商业流通事务</td></tr>
<tr><td colspan="2">预算项目</td><td>项目支出</td><td colspan="2">项</td><td colspan="11">棉花专项补贴</td></tr>
<tr><td colspan="2">结算方式</td><td>银行转账</td><td colspan="3">经济分类</td><td colspan="11"></td></tr>
<tr><td colspan="2" rowspan="2">支付金额人民币（大写）</td><td colspan="4" rowspan="2">叁万元整</td><td>亿</td><td>千</td><td>百</td><td>十</td><td>万</td><td>千</td><td>百</td><td>十</td><td>元</td><td>角</td><td>分</td></tr>
<tr><td></td><td></td><td></td><td>¥</td><td>3</td><td>0</td><td>0</td><td>0</td><td>0</td><td>0</td><td>0</td></tr>
<tr><td colspan="2">用　途</td><td>棉花专项补贴</td><td colspan="3">清算银行</td><td colspan="11">滨江市人民银行</td></tr>
<tr><td colspan="3">预算单位盖章：</td><td>银行会计分录</td><td colspan="13">（借）
对方科目
复核员：　　记账员：</td></tr>
</table>

第二联　退预算单位作回单

（5）6 月 30 日，向零余额账户代理银行开具支付令，支付专项活动经费 15000 元，该经费应当在“项目支出——工业商业金融等事务——商业流通事务——民贸网点贷款贴息”账户中反映。

表 7—5

中国工商银行支票存根

Ⅶ Ⅵ010033

科　　目：

对方科目：

出票日期：2010 年 6 月 30 日

收 款 人：滨江农贸市场管理办公室

金　　额：￥15000.00

用　　途：民贸网点贷款贴息

单位主管：王强　　　　会计：柳青

（6）年终，结转“拨入经费”账户余额。

四、实训操作

根据以上资料，为该单位开设总分类账户，编制记账凭证，同时登记“拨入经费”明细账。

五、总结和体会

六、教师评价

第二节 预算外资金收入的业务处理

一、实训目的

通过实训，学习巩固预算外资金收入的基本理论和方法，认识、熟悉行政单位常见的预算外资金收入业务，学会运用所学的知识分析这些经济业务，并作出正确的会计处理。

二、知识链接

（1）预算外资金收入是指从财政专户取得的预算外资金和经核准不上缴财政专户由单位按计划使用的预算外资金。单位取得的按规定应缴财政专户的预算外资金不直接列入单位预算外收入，待从财政专户核拨后，列入单位预算外资金收入。

（2）行政单位预算外资金收入的来源包括：①由财政专户核拨给行政单位。为了加强对预算外资金的管理，对按照有关规定可以收费的行政单位取得预算外资金时，应作为“应缴财政专户款”入账，全额上缴财政专户；支出时专款专用，由财政部门从财政专户予以核拨，行政单位作为“预算外资金收入”入账。②经财政部门核准不上缴财政专户，行政单位可以直接使用的。行政单位按照有关规定，取得预算外资金时，因单位特殊需要，需报财政部门批准和确认，方可留用。不再上缴财政专户，作为“预算外资金收入”入账，由单位安排使用，但不能挪用。

（3）根据财政国库管理制度改革要求，预算外资金收入收缴管理制度改革的主要内容是：财政部门设立预算外资金财政专户，取消主管部门和执收单位设立的收入过渡性账户；规范收入收缴程序；健全票据管理体系；充分运用现代信息技术，加强对预算外资金收入收缴的监督管理。

三、实训资料

汉江市有关单位 2010 年发生如下经济业务：

（1）2 月 2 日，汉江市食品与药品监督管理局收到财政部门从财政预算外资金专户核拨的预算外资金收入 27000 元，该项预算外资金收入按规定列入“基本支出——一般公共服务——城乡食品与药品监督管理事务——行政运行”账户中反映。款项已存入银行。

表 7—6

<table>
<tr><td colspan="8">预算拨款凭证（收账通知）</td></tr>
<tr><td colspan="8">2010 年 2 月 2 日</td></tr>
<tr><td rowspan="3">收款单位</td><td>全　称</td><td colspan="2">汉江市食品与药品监督管理局</td><td rowspan="3">付款单位</td><td>全　称</td><td colspan="2">汉江市财政局</td></tr>
<tr><td>账　号</td><td>721××××01</td><td></td><td>账　号</td><td colspan="2">330××××06</td></tr>
<tr><td>开户银行</td><td>建设银行汉南支行</td><td>行号</td><td>开户银行</td><td colspan="2">工商银行汉南支行</td></tr>
<tr><td colspan="5">拨款金额：人民币（大写）贰万柒仟元整</td><td colspan="3">小写　¥27000.00</td></tr>
<tr><td colspan="4">用途：基本支出</td><td colspan="4">类：　款：　项：</td></tr>
<tr><td colspan="4" rowspan="2">上述款项已进账。如有错误，请持此联来核对，此致。
拨款单位盖章</td><td rowspan="2">银行会计分录</td><td colspan="3">付款行转账或付款日期：</td></tr>
<tr><td colspan="3">记账员：王伟　出纳员：陈红</td></tr>
</table>

第三联　收款通知

表 7—7

<table>
<tr><td colspan="16">中国建设银行进账单（收账通知）　1</td></tr>
<tr><td colspan="16">2010 年 2 月 2 日　第 001 号</td></tr>
<tr><td rowspan="3">持票人</td><td>全　称</td><td colspan="2">汉江市食品与药品监督管理局</td><td rowspan="3">出票人</td><td>全　称</td><td colspan="10">汉江市财政局</td></tr>
<tr><td>账　号</td><td colspan="2">721××××01</td><td>账　户</td><td colspan="10">330××××06</td></tr>
<tr><td>开户银行</td><td colspan="2">建设银行汉南支行</td><td>开户银行</td><td colspan="10">工商银行汉南支行</td></tr>
<tr><td colspan="6" rowspan="2">人民币（大写）贰万柒仟元整</td><td>千</td><td>百</td><td>十</td><td>万</td><td>千</td><td>百</td><td>十</td><td>元</td><td>角</td><td>分</td></tr>
<tr><td></td><td></td><td>¥</td><td>2</td><td>7</td><td>0</td><td>0</td><td>0</td><td>0</td><td>0</td></tr>
<tr><td colspan="2">票据种类</td><td colspan="4">收账通知</td><td colspan="10" rowspan="3">持票人开户行盖章</td></tr>
<tr><td colspan="2">票据张数</td><td colspan="4">1</td></tr>
<tr><td colspan="6">单位主管：李明　会计：张佳　复核：毛星　记账：张玲</td></tr>
</table>

（2）3 月 1 日，汉江市食品与药品监督管理局收到财政部门从财政预算外资金专户核拨的预算外资金收入 67000 元，该项预算外资金收入按规定列入“项目支出——一般公共服务——城乡食品与药品监督管理事务——食品药品评价”账户中反映。款项已存入银行。

表 7—8

<table>
<tr><td colspan="9">预算拨款凭证（收款通知）
日期 2010 年 3 月 1 日　　第 105 号</td></tr>
<tr><td rowspan="3">收款单位</td><td>全　称</td><td colspan="3">汉江市食品与药品监督管理局</td><td rowspan="3">付款单位</td><td>全　称</td><td colspan="2">汉江市财政局</td></tr>
<tr><td>账　号</td><td>721×××××01</td><td></td><td></td><td>账　号</td><td colspan="2">330×××××06</td></tr>
<tr><td>开户银行</td><td>建设银行汉南支行</td><td>行号</td><td>123</td><td>开户银行</td><td colspan="2">工商银行汉南支行</td></tr>
<tr><td colspan="6">拨款金额：人民币（大写）陆万柒仟元整</td><td colspan="3">小写　￥67000.00</td></tr>
<tr><td colspan="5">用途：项目支出</td><td colspan="4">类：　款：　项：</td></tr>
<tr><td colspan="5" rowspan="2">上述款项已进账。如有错误，请持此联来核对，此致。
拨款单位盖章</td><td rowspan="2">银行会计分录</td><td colspan="3">付款行转账或付款日期：</td></tr>
<tr><td colspan="3">记账员：王伟　　出纳员：陈红</td></tr>
</table>

第三联　收款通知

（3）3 月 24 日，汉江市司法局收到嘉豪公司支付的规费 55000 元，按规定 60％上缴财政专户，40％留用，留用部分应列入“基本支出——一般公共服务——城乡食品与药品监督管理事务——行政运行”账户中反映。

表 7—9

<table>
<tr><td colspan="11">中国工商银行**转账支票**　　支票号码 1993685</td></tr>
<tr><td colspan="11">出票日期：2010 年 3 月 24 日</td></tr>
<tr><td colspan="11">收款人：汉江市司法局</td></tr>
<tr><td rowspan="2">人民币大写：伍万伍仟元整

用 途：规费</td><td>千</td><td>百</td><td>十</td><td>万</td><td>千</td><td>百</td><td>十</td><td>元</td><td>角</td><td>分</td></tr>
<tr><td></td><td></td><td>¥</td><td>5</td><td>5</td><td>0</td><td>0</td><td>0</td><td>0</td><td>0</td></tr>
</table>

签发人盖章：毛羽　　会计：成程

表 7—10

<table>
<tr><td colspan="6">**中国建设银行转账凭条**（客户回单）
2010 年 3 月 25 日　　流水号：</td></tr>
<tr><td rowspan="3">收款单位</td><td>全　　称</td><td>汉江市司法局</td><td rowspan="3">付款单位</td><td>全　　称</td><td>嘉豪公司</td></tr>
<tr><td>账　　号</td><td>721×××××15</td><td>账　　户</td><td>721×××××99</td></tr>
<tr><td>开户银行</td><td>建设银行汉南支行</td><td>开户银行</td><td>建设银行汉南支行</td></tr>
</table>

人民币（大写）伍万伍仟元整	千	百	十	万	千	百	十	元	角	分
			¥	5	5	0	0	0	0	0

种类	转账凭条
张数	1

（4）4 月 1 日，市交通局收到通达公司罚款 45000 元，该项预算外资金收入按规定列入“基本支出——交通运输——公路水路运输——行政运行”账户中反映。款项已存入银行。该单位实现余额上缴财政专户的管理办法。

表 7—11

中国工商银行 **转账支票** No. 0732881698

日期 2010 年 4 月 1 日 第 号

收票人	全 称	汉江市交通局		出票人	全 称	通达公司	
	账号或地址	721××××05			账 户	330××××88	
	地点		开户行 农行		地点		开户行 工行

金额	人民币（大写） 肆万伍仟元整	千	百	十	万	千	百	十	元	角	分
				¥	4	5	0	0	0	0	0

汇款用途：支付罚款	（开户行盖章）
上列款项已根据委托办理，如须查询，请持此回单来行面洽 单位主管 会计 出纳 记账	

表 7—12

中国农业银行进账单 （收账通知） 1

2010 年 4 月 1 日 第 号

持票人	全 称	汉江市交通局	出票人	全 称	通达公司
	账 号	721××××05		账 户	330××××88
	开户银行	农行汉南支行		开户银行	工行汉南支行

人民币（大写）肆万伍仟元整	千	百	十	万	千	百	十	元	角	分
			¥	4	5	0	0	0	0	0

票据种类	支票	
票据张数	1	
单位主管： 会计： 复核： 记账：张国		持票人开户行盖章

（5）6 月 30 日，汉江市交通局将该预算外资金收入的结余 12000 元，上缴财政专户。

表 7—13

中国农业银行支票存根

Ⅶ Ⅵ010068

科　　目：

对方科目：

出票日期：2010 年 6 月 30 日

收 款 人：汉江市财政局

金　　额：¥ 12000.00

用　　途：结余资金

单位主管：　　　　会计：柳青

（6）年终结转上述各单位的预算外资金收入。

四、实训操作

根据以上资料，为各单位开设总分类账户，编制记账凭证，同时登记“预算外资金收入”明细账。

五、总结和体会

六、教师评价

第三节　其他收入的业务处理

一、实训目的

通过实训，学习巩固其他收入的基本理论和方法，认识、熟悉行政单位常见的其他收入业务，学会运用所学的知识分析这些经济业务，并作出正确的会计处理。

二、知识链接

（1）其他收入是指行政单位按规定获得的，除拨入经费、预算外资金收入以外的各种收入。行政单位的其他收入包括固定资产有偿转让收入、出租出借收入、报损残值变价收入、利息收入、服务性收入等。

（2）行政单位依法组织收入时要严格实行票据管理。行政性收费要使用省级以上（含省）财政部门统一监制的票据。

（3）其他收入大多是行政单位自行筹集起来的非正常公务活动所取得的，必须按国家规定合理使用。贯彻“先收后支，量入为出”的原则，而且不得和拨入经费和拨入专款混用，以免影响正常的公务活动。

三、实训资料

湘南市统计局2010年发生如下经济业务：

（1）3月21日，收到银行利息收入通知，本期利息收入1300元。

表7—14

中国工商银行（存款）利息清单　1　No. 0732881692

日期2010年3月21日　第　号

收款人	全称	湘南市统计局		开户银行	全称	湘南市工商银行									
	账号或地址	231××××××72			账户或地址	231×××××993									
	项目	利率	1.26%												
金额	人民币（大写）	壹仟叁佰元整				千	百	十	万	千	百	十	元	角	分
									¥	1	3	0	0	0	0
备注	一季度利息			上列利息已如数收付你单位结算账户（银行盖章）											
经办：夏惠															

第一联　存款利息收账通知

（2）4月1日，出租会议室，收取租金。

表 7—15

<table>
<tr><td colspan="10">中国工商银行　**转账支票**　No. 0732881623
日期 2010 年 4 月 1 日　第　号</td></tr>
<tr><td rowspan="3">收票人</td><td>全　称</td><td colspan="3">湘南市统计局</td><td rowspan="3">出票人</td><td>全　称</td><td colspan="3">大恒公司</td></tr>
<tr><td>账号或地址</td><td colspan="3">231××××××72</td><td>账　户</td><td colspan="3">430××××××06</td></tr>
<tr><td>地　点</td><td></td><td>开户行</td><td>工行</td><td>地点</td><td></td><td>开户行</td><td>工行</td></tr>
<tr><td>金额</td><td colspan="6">人民币（大写）　壹仟捌佰元整</td><td colspan="3">千 百 十 万 千 百 十 元 角 分
¥ 1 8 0 0 0 0</td></tr>
<tr><td colspan="7">汇款用途：支付会议租金</td><td colspan="3" rowspan="2">（开户行盖章）</td></tr>
<tr><td colspan="7">上列款项已根据委托办理，如须查询，请持此回单来行面洽
单位主管：　会计：　出纳：　记账：</td></tr>
</table>

表 7—16

<table>
<tr><td colspan="6">**中国工商银行进账单**（收账通知）
2010 年 4 月 2 日　第　号</td></tr>
<tr><td rowspan="3">持票人</td><td>全　称</td><td>湘南市统计局</td><td rowspan="3">出票人</td><td>全　称</td><td>大恒公司</td></tr>
<tr><td>账　号</td><td>231××××××72</td><td>账　户</td><td>232××××××06</td></tr>
<tr><td>开户银行</td><td>工行湘南支行</td><td>开户银行</td><td>工行湘江支行</td></tr>
<tr><td colspan="4">人民币（大写）壹仟捌佰元整</td><td colspan="2">千 百 十 万 千 百 十 元 角 分
¥ 1 8 0 0 0 0</td></tr>
<tr><td>票据种类</td><td colspan="3">支票</td><td colspan="2" rowspan="3">持票人开户行盖章</td></tr>
<tr><td>票据张数</td><td colspan="3">1</td></tr>
<tr><td colspan="4">单位主管：　会计：　复核：　记账：</td></tr>
</table>

（3）7 月 1 日，国库券到期收回本息，本金 30000 元，利息 4608 元，存入银行存款户。

表 7—17

湘南市财政局国债服务部 买卖证券凭证 卖												
客户名称：湘南市统计局				2010 年 7 月 1 日								
证券名称	号码	面值	利率	金额								
				十	万	千	百	十	元	角	分	
2007 年 3 期国债	8015—8065	30000	5.125		3	0	0	0	0	0	0	
三年期利息		4608				4	6	0	8	0	0	
合计金额（大写）	叁万肆仟陆百零捌元整			¥	3	4	6	0	8	0	0	

单位盖章： 复核： 制单：

表 7—18

中国工商银行进账单（收账通知） 1 2010 年 7 月 1 日 第×××号															
持票人	全称	湘南市统计局	出票人	全称											
	账号	231××××××72		账户	221××××××06										
	开户银行	湘南市工商银行		开户银行	工行湘江支行										
人民币（大写）叁万肆仟陆佰零捌元整					千	百	十	万	千	百	十	元	角	分	
							¥	3	4	6	0	8	0	0	
票据种类	买卖凭证														
票据张数	1														
单位主管： 会计： 复核： 记账：					持票人开户行盖章										

（4）7 月 20 日，出售废旧报纸杂志，收到现金 358 元。

表 7—19

<table>
<tr><td colspan="11">湘南市服务行业专用发票　　No. 06755
发票联
客户名称：湘南市统计局　　2010 年 7 月 20 日</td></tr>
<tr><td rowspan="2">品名（项目）</td><td rowspan="2">单位</td><td rowspan="2">数量</td><td rowspan="2">单价</td><td colspan="7">金　额</td></tr>
<tr><td>万</td><td>千</td><td>百</td><td>十</td><td>元</td><td>角</td><td>分</td></tr>
<tr><td>出售废旧报纸杂志</td><td>公斤</td><td>179</td><td>2</td><td></td><td></td><td>3</td><td>5</td><td>8</td><td>0</td><td>0</td></tr>
<tr><td></td><td></td><td></td><td></td><td></td><td></td><td></td><td></td><td></td><td></td><td></td></tr>
<tr><td></td><td></td><td></td><td></td><td></td><td></td><td></td><td></td><td></td><td></td><td></td></tr>
<tr><td></td><td></td><td></td><td></td><td></td><td></td><td></td><td></td><td></td><td></td><td></td></tr>
<tr><td></td><td></td><td></td><td></td><td></td><td></td><td></td><td></td><td></td><td></td><td></td></tr>
<tr><td>合计金额（大写）</td><td colspan="3">叁佰伍拾捌元整</td><td></td><td>￥</td><td>3</td><td>5</td><td>8</td><td>0</td><td>0</td></tr>
</table>

单位盖章：　　　　复核：　　　　制单：李晓琳

（5）年终结转其他收入。

四、实训操作

要求根据上述经济业务，开设其他收入的总分类账户，编制记账凭证，登记总账。

五、总结和体会

六、教师评价

第八章　行政单位支出（模块八）

第一节　经费支出的业务处理

一、实训目的

通过实训，复习巩固行政单位经费支出的基本理论和方法，认识、熟悉行政单位常见的经费支出业务，学会运用所学的知识分析这些经济业务，并作出正确的会计处理。

二、知识链接

（1）经费支出是行政单位开展业务活动发生的所有支出，如工资及福利费、公务活动费用、设备的修缮费等；经费支出的来源主要是财政或上级部门的拨款，拨入经费之间有着某种对应关系；经费支出需要单独核算，并向财政或上级部门单独列报；经费支出的开支范围和开支标准都有具体规定，行政单位必须按规定的范围和标准办理支出。

（2）按经济用途分类，可分为基本工资、补助工资、其他工资、职工福利费、社会保险费、公务费、修缮费、设备购置费、其他费用等。按经济性质分类，可分为人员支出和公用支出。

（3）管理要求按上级或财政部门核准的预算和用款计划，以及预算所规定的支出范围和用途使用经费。如果需要改变规定的支出范围和用途使用经费，要按照规定程序上报上级部门，并经批准后方可执行。按照定员、定额和开支标准办理经费支出。分清资金渠道，严格划分基本支出和项目支出。

三、实训资料

某行政单位 2010 年发生如下经济业务：

（1）3 月 14 日，收到财政国库支付执行机构委托代理银行转来的财政直接支付入账通知书及其相关的原始凭证，财政部门为行政单位支付了职工工资 254000 元。

表 8-1

<table>
<tr><th colspan="16">汉中市财政直接支付凭证</th></tr>
<tr><td colspan="3">资金性质：财政资金</td><td colspan="8">2010 年 3 月 14 日</td><td colspan="5">编号：22568</td></tr>
<tr><td rowspan="3">收款人</td><td>全　称</td><td>汉中市工商局</td><td rowspan="3">付款人</td><td>全　称</td><td colspan="11">汉中市财政局</td></tr>
<tr><td>账　号</td><td>322×××××62</td><td>账　号</td><td colspan="11">44×××××90</td></tr>
<tr><td>开户行</td><td>汉中市建设银行</td><td>开户行</td><td colspan="11">汉中市农业银行</td></tr>
<tr><td colspan="2">一级预算单位</td><td>汉中市工商局</td><td rowspan="3">功能分类</td><td>类</td><td colspan="11">基本支出</td></tr>
<tr><td colspan="2">基层预算单位</td><td></td><td>款</td><td colspan="11">工资福利支出</td></tr>
<tr><td colspan="2">预算项目</td><td>基本支出</td><td>项</td><td colspan="11">基本工资</td></tr>
<tr><td colspan="2">结算方式</td><td>银行转账</td><td colspan="2">经济分类</td><td colspan="11"></td></tr>
<tr><td colspan="2" rowspan="2">支付金额人民币（大写）</td><td colspan="3" rowspan="2">贰拾伍万肆仟元整</td><td>亿</td><td>千</td><td>百</td><td>十</td><td>万</td><td>千</td><td>百</td><td>十</td><td>元</td><td>角</td><td>分</td></tr>
<tr><td></td><td></td><td>¥</td><td>2</td><td>5</td><td>4</td><td>0</td><td>0</td><td>0</td><td>0</td><td>0</td></tr>
<tr><td colspan="2">用　途</td><td>行政运行</td><td colspan="2">清算银行</td><td colspan="11">汉中市人民银行</td></tr>
<tr><td colspan="3">预算单位盖章：</td><td>银行会计分录</td><td colspan="12">（借）
对方科目
复核员：　　记账员：</td></tr>
</table>

第二联　退预算单位作回单

（2）6 月 3 日，从仓库领用日常办公用品一批，计价 8000 元，交有关部门使用。

表 8—2

办公用品领用表　　No. 0638

机关名称：汉中市工商局　　2010 年 6 月 3 日

品名（项目）	单位	数量	单价	金额						
				万	千	百	十	元	角	分
纸张等	办公室				2	8	0	0	0	0
	宣传部				2	5	0	0	0	0
	党务办公室				2	0	0	0	0	0
	注册登记科					7	0	0	0	0
合计金额（大写）	捌仟元整			¥	8	0	0	0	0	0

单位盖章：　　复核：　　制单：

（3）7 月 2 日，支付水电费 35000 元。

表 8—3

中国工商银行 委托收款凭证（支款通知）　1　　No. 0732881

委托日期 2010 年 7 月 2 日　　第　号

付款单位	全　称	汉中市工商局			收款单位	全　称	汉中市电力局		
	账号或地址	332××××××56				账户或地址	211××××××99		
	地　点	汉中市	开户行	市工商银行		地　点	汉中市	汇入行	工商银行火车站分理处

金额	人民币（大写）	叁万伍千元整	千	百	十	万	千	百	十	元	角	分
					¥	3	5	0	0	0	0	0

用途：电费	（银行盖章）
注意事项：	

此联是汇出行给汇款人的回单

（4）8 月 1 日，支付保险费 56000 元。

表 8—4

汉中市保险公司专用发票 No. 0435

发票联

客户名称：汉中市工商局 2010 年 8 月 1 日

品名（项目）	单位	数量	单价	金额							
				十	万	千	百	十	元	角	分
保险费					5	6	0	0	0	0	0
合计金额（大写）	伍万陆仟元整			¥	5	6	0	0	0	0	0

单位盖章： 复核： 制单：

表 8—5

中国建设银行现金汇款单（回单）

2010 年 8 月 1 日

收款单位	全称	汉中市保险公司											
	开户行	汉中市工商银行	账 号	367××××××12									
人民币大写金额		伍万陆仟元整		千	百	十	万	千	百	十	元	角	分
						¥	5	6	0	0	0	0	0
银行记录			科目（贷） 对方科目（借）										

第一联 银行盖章后退交款

（5）8 月 14 日，收到财政支付执行机构委托代理银行转来的财政直接支付入账通知书，财政部门为行政单位支付了设备购置费 50000 元。该设备购置费属于基本支出日常公用经费预算项目。

表 8—6

<table>
<tr><td colspan="16">汉中市财政直接支付凭证</td></tr>
<tr><td colspan="3">资金性质：财政资金</td><td colspan="8">2010 年 8 月 14 日</td><td colspan="5">编号：45568</td></tr>
<tr><td rowspan="3">收款人</td><td>全　称</td><td>汉中市工商行政管理局</td><td rowspan="3">付款人</td><td>全　称</td><td colspan="11">汉中市财政局</td></tr>
<tr><td>账　号</td><td>322×××××62</td><td>账　号</td><td colspan="11">44×××××90</td></tr>
<tr><td>开户行</td><td>汉中市工商银行</td><td>开户行</td><td colspan="11">汉中市建设银行</td></tr>
<tr><td colspan="2">一级预算单位</td><td>滨江市工商行政管理局</td><td rowspan="3" colspan="2">功能分类</td><td>类</td><td colspan="10">基本支出</td></tr>
<tr><td colspan="2">基层预算单位</td><td></td><td>款</td><td colspan="10">商品流通事务</td></tr>
<tr><td colspan="2">预算项目</td><td>基本支出</td><td>项</td><td colspan="10">设备购置费</td></tr>
<tr><td colspan="2">结算方式</td><td>银行转账</td><td colspan="2">经济分类</td><td colspan="11"></td></tr>
<tr><td colspan="2" rowspan="2">支付金额人民币（大写）</td><td colspan="3" rowspan="2">伍万元整</td><td>亿</td><td>千</td><td>百</td><td>十</td><td>万</td><td>千</td><td>百</td><td>十</td><td>元</td><td>角</td><td>分</td></tr>
<tr><td></td><td></td><td></td><td>¥</td><td>5</td><td>0</td><td>0</td><td>0</td><td>0</td><td>0</td><td>0</td></tr>
<tr><td colspan="2">用　途</td><td>设备购置费</td><td colspan="2">清算银行</td><td colspan="11">滨江市人民银行</td></tr>
<tr><td colspan="3">预算单位盖章：</td><td>银行会计分录</td><td colspan="12">（借）
对方科目
复核员：　　　　记账员：</td></tr>
</table>

第二联　退预算单位作回单

表 8—7

<table>
<tr><td colspan="15">固定资产验收交接单
2010 年 8 月 22 日</td></tr>
<tr><td rowspan="2">名称规格</td><td rowspan="2">单位</td><td rowspan="2">数量</td><td colspan="10">总值金额</td><td rowspan="2">总值中的安装费</td><td rowspan="2">存放地点</td></tr>
<tr><td>千</td><td>百</td><td>十</td><td>万</td><td>千</td><td>百</td><td>十</td><td>元</td><td>角</td><td>分</td></tr>
<tr><td>检测仪</td><td>台</td><td>5</td><td></td><td></td><td>¥</td><td>5</td><td>0</td><td>0</td><td>0</td><td>0</td><td>0</td><td>0</td><td></td><td>业务室</td></tr>
<tr><td colspan="15">附注：</td></tr>
</table>

验收部门：　　　　验收人：　　　　部门负责人：　　　　制单：

（6）8月30日，支付召开有关专项会议支出185000元，其中，场地租金150000元，餐饮费35000元。

表8—8

中国工商银行支票存根

Ⅶ Ⅵ010033

科　　目：

对方科目：

出票日期：2010年8月30日

收 款 人：西湖宾馆

金　　额：¥ 185000.00

用　　途：专项会议支出

单位主管：　　　　会计：

（7）8月30日，支付房屋维修费7580元。

表8—9

中国工商银行支票存根

Ⅶ Ⅵ010022

科　　目：

对方科目：

出票日期：2010年8月30日

收 款 人：雅庭装修公司

金　　额：¥ 7580.00

用　　途：维修费

单位主管：　　　　会计：

表 8—10

汉中市服务行业专用发票　　No. 0675

发票联

客户名称：汉中市工商局　　2010 年 8 月 30 日

品名（项目）	单位	数量	单价	金额						
				万	千	百	十	元	角	分
房屋维修费					7	5	8	0	0	0
合计金额（大写）	柒仟伍佰捌拾元整			¥	7	5	8	0	0	0

单位盖章：　　复核：　　制单：

（8）年终，将“经费支出”账户的余额进行结转。

四、实训操作

开设经费支出账户，编制记账凭证，并登记经费支出明细账。

五、总结和体会

六、教师评价

第二节　拨出经费和结转自筹基建资金的业务处理

一、实训目的

通过实训，学习巩固拨出经费及结转自筹基建资金的基本理论和方法，认识、熟悉行政单位拨出经费和结转自筹基建资金的业务，学会运用所学的知识分析这些经济业务，并作出正确的会计处理。

二、知识链接

（1）拨出经费核算行政单位按核定的预算拨付所属单位的预算资金。对附属单位拨付的非财政性补助资金或专项资金不通过拨出经费核算。

（2）该科目应按“拨出经常性经费”和“拨出专项经费”分设二级科目，并按所属拨款单位设置明细账，进行明细分类核算。

（3）结转自筹基建是指行政单位经批准用财政补助收入以外的资金安排自筹基本建设时，所筹集并转存建设银行的资金。

行政单位将自筹的用于基本建设的资金转存建设银行，通过支出类账户进行核算，目的是为了落实年终结余，便于安排下年收支预算。

三、实训资料

某行政单位未纳入财政国库单一账户制度改革，2010 年发生如下经济业务：

（1）1 月 15 日，根据核定的预算，通过开户银行向所属甲单位拨付基本支出预算经费 1000000 元，其中，工资福利支出 650000 元，商品和服务支出 350000 元。

表 8—11

<table>
<tr><td colspan="9">预算拨款凭证（收款通知）
日期 2010 年 1 月 15 日</td></tr>
<tr><td rowspan="3">收款单位</td><td>全　　称</td><td colspan="3">市场价格管理办公室</td><td rowspan="3">付款单位</td><td>全　　称</td><td colspan="2">汉江市物价局</td></tr>
<tr><td>账　　号</td><td>322××79</td><td></td><td></td><td>账号或地址</td><td colspan="2">3214567××01</td></tr>
<tr><td>开户银行</td><td>中国银行</td><td>行号</td><td>1451</td><td>开户银行</td><td colspan="2">工商银行</td></tr>
<tr><td colspan="6">拨款金额：人民币（大写）壹佰万元整</td><td colspan="3">小写　　¥1000000.00</td></tr>
<tr><td colspan="4">用途：基本支出</td><td colspan="5">类：　　款：　　项：</td></tr>
<tr><td colspan="5" rowspan="2">上述款项已进账。如有错误，请持此联来核对，此致。
拨款单位盖章</td><td rowspan="2">银行会计分录</td><td colspan="3">付款行转账或付款日期：</td></tr>
<tr><td colspan="3">记账员：　　　出纳员：</td></tr>
</table>

第三联　收款通知

（2）3 月 1 日，根据核定的预算，通过开户银行向所属的乙单位拨付项目支出预算经费 70000 元，其中，基本建设支出

50000 元，用于信息网络购建项目，专项业务支出 20000 元，用于某项专项活动。

表 8—12

中国工商银行 电汇凭证（回单） 1 No. 0732881692

日期 2010 年 3 月 1 日 第 号

汇款人	全 称	孝南市工商管理局			收款人	全 称	花溪镇城管办										
	账号或地址	332××××××66				账号或地址	211××××××88										
	汇出地点	孝南市	汇出行名称	工商银行		汇入地点	花溪镇	汇入行名称	镇工商银行分理处								
金额	人民币（大写）	柒万元整					千	百	十	万	千	百	十	元	角	分	
									¥	7	0	0	0	0	0	0	
汇款用途：拨出经费							（开户行盖章）										
上列款项已根据委托办理，如须查询，请持此回单来行面洽 单位主管： 会计： 出纳： 记账：																	

此联是汇出行给汇款人的回单

表 8—13

中国工商银行支票存根

Ⅶ Ⅵ010088

科 目：

对方科目：

出票日期：2010 年 3 月 1 日

收 款 人：花溪城管办

金 额：¥ 70000.00

用 途：拨出经费

单位主管： 会计：

（3）3 月 30 日，将自筹的基本建设资金 400000 元转存建设银行。

表 8—14

中国工商银行支票存根

Ⅶ Ⅵ010046

科　　目：

对方科目：

出票日期：2010 年 3 月 30 日

收 款 人：市建设银行

金　　额：￥400000.00

用　　途：基建建设资金

单位主管：　　　　会计：

（4）4 月 20 日，基建项目完工，收到建设银行转回的剩余资金 3000 元。

表 8—15

中国建设银行　**转账支票**　　No. 0732881623

日期 2010 年 4 月 20 日　　第　　号

收票人	全　称	市直机关			出票人	全　称	市直机关									
	账号或地址	221××××××99				账　号	330××××××54									
	地　点		开户行	工商银行		地　点					开户行			建设银行		
金额	人民币（大写）　叁仟元整						千	百	十	万	千	百	十	元	角	分
										￥	3	0	0	0	0	0
汇款用途：基建结余资金							（开户行盖章）									
上列款项已根据委托办理，如须查询，请持此回单来行面洽 单位主管：　会计：　出纳：　记账：																

表 8—16

<table>
<tr><td colspan="11">中国工商银行进账单 (收账通知) 1
2010 年 4 月 20 日 第×××号</td></tr>
<tr><td rowspan="3">持票人</td><td>全　　称</td><td>市直机关</td><td rowspan="3">出票人</td><td>全　　称</td><td colspan="6">市直机关</td></tr>
<tr><td>账　　号</td><td>221××××××99</td><td>账　　号</td><td colspan="6">330××××××54</td></tr>
<tr><td>开户银行</td><td>市工商银行</td><td>开户银行</td><td colspan="6">市建设银行</td></tr>
</table>

人民币（大写）叁仟元整	千	百	十	万	千	百	十	元	角	分
				¥	3	0	0	0	0	0

票据种类	转账支票	
票据张数	1	
单位主管：　会计：　复核：　记账：		持票人开户行盖章

(5) 将“拨出经费”和“结转自筹基建”账户余额进行结转。

四、实训操作

开设“拨出经费”和“结转自筹基建”账户，编制记账凭证。

五、总结和体会

六、教师评价

第九章　行政单位资产（模块九）

第一节　固定资产的业务处理

一、实训目的

通过实训，学习巩固行政单位固定资产的基本理论和方法，认识、熟悉行政单位常见的固定资产业务，学会运用所学的知识分析这些经济业务，并作出正确的会计处理。

二、知识链接

固定资产是指单位价值在规定标准以上、使用年限在一年以上，并在使用过程中基本保持原来物质形态的资产。按《行政单位财务规则》规定，一般设备单价在 500 元以上，专用设备在 800 元以上（含 500 元和 800 元）列为固定资产。单位价值虽未达到规定标准，但是耐用时间在一年以上的大批同类物资，也作为固定资产进行核算与管理。

三、实训资料

某行政单位 2010 年发生如下经济业务：

(1) 1 月 1 日，建造办公楼一栋，造价 5000000 元，竣工验收，交付使用。

表 9—1

交付使用资产明细表

No. 04256

2010 年 1 月 1 日

名称	建筑面积	单方造价	耐用年限	金额									
				千	百	十	万	千	百	十	元	角	分
办公楼	2000 平方米	2500 元	50 年		5	0	0	0	0	0	0	0	0
合计金额（大写）	伍佰万元整			¥	5	0	0	0	0	0	0	0	0

单位盖章：　　复核：　　制单：

(2) 1 月 21 日，购买办公用电脑 1 台，单价 8580 元，用银行存款支付，电脑已验收。

表 9—2

中国工商银行支票存根

Ⅶ Ⅵ010003

科　　目：

对方科目：

出票日期：2010 年 1 月 21 日

收 款 人：代尔信息公司

金　　额：¥ 8580.00

用　　途：办公费

单位主管：　　会计：

表 9—3

开远市工商企业产品销售发票　No. 0128

发票联

客户名称：市直机关　2010 年 1 月 21 日

品名（项目）	单位	数量	单价	金额						
				万	千	百	十	元	角	分
电脑	台	1	8580		8	5	8	0	0	0
合计金额（大写）	捌仟伍佰捌拾元整			¥	8	5	8	0	0	0

单位盖章：　复核：　制单：

（3）2 月 3 日，购买图书 3528 元。

表 9—4

开远市新华书店销售发票　No. 0318

发票联

客户名称：市直机关　2010 年 2 月 3 日

品名（项目）	单位	数量	单价	金额						
				万	千	百	十	元	角	分
图书	册	105			3	5	2	8	0	0
合计金额（大写）	叁仟伍佰贰拾捌元整			¥	3	5	2	8	0	0

单位盖章：　复核：　制单：

表 9—5

中国工商银行支票存根

Ⅷ Ⅵ010003

科　　目：

对方科目：

出票日期：2010 年 2 月 3 日

收 款 人：××市新华书店

金　　额：¥ 3528.00

用　　途：图书购置费

单位主管：　　　　会计：

（4）3 月 22 日，接受相关部门捐赠设备，价值 156000 元。

表 9—6

捐赠资产交接单

2010 年 3 月 22 日

名称规格	单位	数量	金额										使用年限	捐赠人
			千	百	十	万	千	百	十	元	角	分		
汽车	台	1		¥	1	5	6	0	0	0	0	0	10	徐家凡
附注：														

验收部门：资产管理科　　　　经手人：张良

（5）4 月 20 日，将闲置的汽车变卖，变卖收入 4000 元，设备原价 55000 元，支付清理费 200 元，以现金支付。

表 9—7

<table>
<tr><td colspan="10">中国工商银行进账单　（收账通知）　1
2010 年 4 月 20 日　　第×××号</td></tr>
<tr><td rowspan="3">持票人</td><td>全　称</td><td>市直机关</td><td rowspan="3">出票人</td><td>全　称</td><td colspan="5">中大公司</td></tr>
<tr><td>账　号</td><td>421××××××01</td><td>账　号</td><td colspan="5">430××××××06</td></tr>
<tr><td>开户银行</td><td>工商银行市分行</td><td>开户银行</td><td colspan="5">工商银行西湖路办事处</td></tr>
<tr><td colspan="5" rowspan="2">人民币（大写）肆仟元整</td><td colspan="5">千 百 十 万 千 百 十 元 角 分</td></tr>
<tr><td colspan="5">¥ 4 0 0 0 0 0</td></tr>
<tr><td colspan="2">票据种类</td><td colspan="3">转账支票</td><td colspan="5" rowspan="3">持票人开户行盖章</td></tr>
<tr><td colspan="2">票据张数</td><td colspan="3">1</td></tr>
<tr><td colspan="5">单位主管：　会计：　复核：　记账：</td></tr>
</table>

表 9—8

固定资产卡片（正面）			
名称	吉普车	资产编号	
制造厂	北京汽车厂	规格	北京 212 型
使用单位	市直机关	出厂时间	2005 年 8 月
资金来源		原值	55000
列账凭证		验收日期	2005 年 8 月
附件		折旧年限	
转移记录	中大公司	预计残值	
报废记录		预计清理费	
中间停用记录	2007～2008 年	原安装费	

（6）4 月 23 日，将交通车进行大修理，支付修理费 5850 元。

表 9—9

中国工商银行支票存根

Ⅶ Ⅵ010004

科　　目：

对方科目：

出票日期：2010 年 4 月 23 日

收 款 人：宏博汽车维修公司

金　　额：￥ 5850.00

用　　途：汽车维修费

单位主管：　　　　　　会计：

表 9—10

开远市服务行业专用发票　　No. 06789

发票联

客户名称：市直机关　　　　2010 年 4 月 23 日

品名（项目）	单位	数量	单价	金额						
				万	千	百	十	元	角	分
汽车维修费					5	8	5	0	0	0
合计金额（大写）	伍仟捌佰伍拾元整			￥	5	8	5	0	0	0

单位盖章：　　　　复核：　　　　制单：李晓琳

（7）6 月 29 日，盘点时，发现报废中文打字机一台，价值 600 元。

表 9—11

<table>
<tr><th colspan="4">固定资产盘亏报废申请书</th></tr>
<tr><td>名称</td><td>喷墨打印机</td><td>资产编号</td><td></td></tr>
<tr><td>制造厂</td><td></td><td>规格</td><td>HP185</td></tr>
<tr><td>使用单位</td><td>机关办公室</td><td>出厂时间</td><td>2000 年 10 月</td></tr>
<tr><td>资金来源</td><td></td><td>原值</td><td>600</td></tr>
<tr><td>列账凭证</td><td></td><td>验收日期</td><td></td></tr>
<tr><td colspan="4">报废原因：
由于长期使用已经老化，申请报废。
报告人：赵波
2010 年 6 月 29 日
资产管理科意见：同意报废 2010 年 6 月 30 日</td></tr>
</table>

四、实训操作

根据上述资料，为该单位开设总分类账户，编制记账凭证，登记总分类账。

五、总结和体会

六、教师评价

第二节 有价证券和其他资产业务的业务处理

一、实训目的

通过实训，了解行政单位有价证券和其他资产的内容和管理制度与方法，熟悉有价证券和其他资产的常见业务，掌握有价证券、暂付款、材料等资产的账务处理方法和处理技巧。

二、知识链接

行政单位的其他资产包括有价证券、暂存款、材料等内容。

（1）有价证券是指行政单位用结余资金购买的国债。管理要求有：只能购买国债；购买资金只能来源于可以有权使用的结余资金，不能影响行政职责的正常履行；购买国债不能列作支出预算；利息收入或转让收益记入“其他收入”。

（2）材料。为了核算大宗购买、需要库存的材料物资需要设置“库存材料”账户，库存材料需要适当分类。并按类别或品种进行明细核算。

（3）暂付款。行政单位在业务活动过程中与其他单位、所属单位和本单位职工发生的临时性结算款项。一般包括预付的材料、设备款、职工预借的差旅报销单位领用的备用金。

三、实训资料

滑南市发改委未纳入国库单一账户制度管理，2010 年发生如下经济业务：

（1）3 月 1 日，用经费结余资金购入 30000 元国库券，以转账方式支付。

表 9—12

汉南市财政局国债服务部

买卖证券凭证　买

客户名称：渭南市发改委　　2010 年 3 月 1 日

证券名称	号码	面值	利率	金额							
				十	万	千	百	十	元	角	分
2010 年 2 期国债	8015～8065	30000	3.69%		3	0	0	0	0	0	0
合计金额（大写）	叁万元整			¥	3	0	0	0	0	0	0

单位盖章：　　复核：　　制单：

表 9—13

中国工商银行支票存根
Ⅶ Ⅵ010004
科　　目：
对方科目：
出票日期：2010 年 3 月 1 日
收 款 人：国债服务部
金　　额：￥ 30000.00
用　　途：购买国债
单位主管：　　　　会计：

（2）2 月 1 日，通过二级市场出售证券。

表 9—14

证券成交过户交割单 2010 年 2 月 1 日		
股东代码：A529626408 姓名：张飞	成交证券：0905 国债 成交价格：51145 元	印花税：0 应收金额：51145 元
申报时间 ：09：30：25 成交时间：09：30：55	成交金额：31145 元 佣金：145 元	实收金额：51000 元
上次余额：50000 元 本次成交：50000 元		

经办单位：银河证券渭水营业部　　　　客户签章：张飞

（3）3 月 1 日，开出转账支票支付专项活动演出服装费 5600 元。

表 9—15

中国工商银行支票存根
Ⅶ Ⅵ010009
科　　目：
对方科目：
出票日期：2010 年 3 月 1 日
收 款 人：春意服饰公司
金　　额：¥ 5600.00
用　　途：预付服装费
单位主管：　　会计：

（4）3 月 3 日，王博出差归预借差旅费 5000 元，以现金支票支付。

表 9—16

中国工商银行支票存根
Ⅶ Ⅵ0100022
科　　目：
对方科目：
出票日期：2010 年 3 月 3 日
收 款 人：王博
金　　额：¥ 5000.00
用　　途：预借差旅费
单位主管：　　会计：

（5）3 月 16 日，王博出差归来报销差旅费 3800 元，余款交回。

表 9—17

<table>
<tr><th colspan="3">费用支出报销凭证</th></tr>
<tr><td rowspan="5">（原始凭证粘贴处）</td><td colspan="2">付款方式：现金
日期　2010 年 3 月 16 日</td></tr>
<tr><td colspan="2">原始凭证共计 14 张</td></tr>
<tr><td colspan="2">金额合计（小写）：　￥3800.00 元
（人民币大写金额）　叁仟捌佰元整</td></tr>
<tr><td>费用项目</td><td>交通费 1200 元　住宿费 2000 元　伙食补贴 600 元</td></tr>
<tr><td colspan="2">开支理由及用途：差旅费</td></tr>
</table>

会计：于伟　　出纳：王洁　　经手人：于利利

（6）3 月 24 日，购买办公用材料一批，价款 12000 元，运杂费 300 元，以支票支付。

表 9—18

滑南市商品销售专用发票

发票联

发票代码 110786253462

客户名称：渭南市发改委　　2010 年 3 月 24 日

品名（项目）	单位	数量	单价	金额							
				十	万	千	百	十	元	角	分
线材					1	2	3	0	0	0	0
合计金额（大写）	壹万贰仟叁佰元整			￥	1	2	3	0	0	0	0

单位盖章：　　复核：　　制单：

表 9—19

中国工商银行支票存根	
Ⅶ Ⅵ0100031	
科　　目：	
对方科目：	
出票日期：	2010 年 3 月 24 日
收 款 人：	安信贸易公司
金　　额：	￥ 12300.00
用　　途：	材料费
单位主管：	会计：

（7）4 月 3 日，综合科领用材料，价值 6600 元，用于专项课题研究。

表 9—20

办公用品领用表　　No. 0638

机关名称：渭南市发改委　　2010 年 4 月 3 日

品名（项目）	单位	数量	单价	金额						
				万	千	百	丨	元	角	分
笔墨纸张等					6	6	0	0	0	0
合计金额（大写）	陆仟陆佰元整			￥	6	6	0	0	0	0

单位盖章：　　复核：　　制单：

四、实训操作

根据上述资料，为单位开设总分类账户，编制记账凭证，登记总分类账。

五、总结和体会

六、教师评价

第十章　行政单位负债（模块十）

第一节　应缴款项的业务处理

一、实训目的

通过实训，了解应缴预算款和应缴财政专户款的内容和管理制度与方法，熟悉应缴预算款和应缴财政专户款的常见业务内容，掌握应缴预算款和应缴财政专户款的账务处理程序和方法。

二、知识链接

应缴款项包括应缴预算款和应缴财政专户款。

（1）应缴预算款是指行政单位在公务活动中按规定取得的应上缴财政的收入。内容包括：纳入预算管理的政府性基金；行政性收费收入；罚没收入没收物品的变价收入；应上缴国库的无主实物变价款；赃款和赃物变价款。

（2）应缴财政专户款是指行政单位按规定代收的应上缴财

政专户的预算外资金收入。行政单位的预算外资金主要包括：法律、法规规定的行政性收费、基金和附加收入等；国务院或省级人民政府及其财政、计划（物价）部门审批的行政性收费；主管部门从所属单位集中的上缴资金；用于乡镇政府开支的乡自筹资金；其他未纳入预算管理的财政性资金。

三、实训资料

某市行政单位 2010 年发生如下业务：

（1）6 月 1 日，武汉市公路管理局收到嘉美公司交付的现金，系证照工本费（纳入预算管理的行政性收费）1120 元。

表 10－1

湖北省非税收收入专用发票 1

No. 09984107

客户名称：嘉美公司 2010 年 6 月 1 日

收入（项目）	性质	标准	数量	金额						
				万	千	百	十	元	角	分
行政性收费	工本费	20 元/人	56 人		1	1	2	0	0	0
合计金额（大写）	壹仟壹佰贰拾元整			¥	1	1	2	0	0	0

（2）6 月 20 日，收到武昌客运站交来的公路客货运附加费收入（纳入预算管理的政府性基金收入）50000 元，存入银行。

表 10-2

中国建设银行　**转账支票**　　日期 2010 年 6 月 20 日							No. 0732881698　第　号
收票人	全　称	武汉市公路管理局		出票人	全　称	武昌客运站	
	账号或地址	221××××××24			账　号	330××××××67	
	地　点		开户行：建行江岸支行		地　点		开户行：建行付家坡支行
金额	人民币（大写）伍万元整					千 百 十 万 千 百 十 元 角 分	¥ 5 0 0 0 0 0 0
用途：交付公路客货运附加费						（开户行盖章）	
上列款项已根据委托办理，如需查询，请持此回单来行面洽 单位主管：　会计：　出纳：　记账：							

表 10-3

中国建设银行进账单（收账通知）　1 2010 年 6 月 20 日					第×××号
持票人	全　称	武汉市公路管理局	出票人	全　称	武昌客运站
	账　号	221××××××24		账　号	330××××××67
	开户银行	建行江岸支行		开户银行	建行付家坡支行
人民币（大写）伍万元整				千 百 十 万 千 百 十 元 角 分	¥ 5 0 0 0 0 0 0
票据种类	支票			持票人开户行盖章	
票据张数	1				
单位主管：　会计：　复核：　记账：					

（3）6 月 20 日，将本月应缴预算款 51120 元上缴财政。

表 10—4

缴 款 书

2010 年 6 月 20 日　　　　第　号

应缴款项	二级或明细科目	借方金额										贷方金额										记账
		千	百	十	万	千	百	十	元	角	分	千	百	十	万	千	百	十	元	角	分	
应缴预算款	预算款				5	1	1	2	0	0	0											
合计				¥	5	1	1	2	0	0	0											

附单据 1 张

会计主管：　　　　记账：

（4）6 月 30 日，收到业务培训费（预算外资金）9600 元，60%上缴财政，40%留用。

表 10—5

中国建设银行进账单（收账通知）　1

2010 年 6 月 30 日　　　　第×××号

持票人	全　称	武汉市公路管理局	出票人	全　称	鑫达国军管理公司
	账　号	221××××××24		账　户	330××××××014
	开户银行	建行江岸支行		开户银行	建行武昌支行

人民币（大写）玖仟陆佰元整	千	百	十	万	千	百	十	元	角	分
				¥	9	6	0	0	0	0

票据种类	汇票	
票据张数	1	
单位主管：　会计：　复核：　记账：		持票人开户行盖章

（5）7 月 29 日，上缴结余资金。

表 10－6

缴款书

2010 年 7 月 29 日　　　　第　号

摘　要	二级或明细科目	借方金额										贷方金额										记账
		千	百	十	万	千	百	十	元	角	分	千	百	十	万	千	百	十	元	角	分	
应缴财政专户款	财政专户款					5	7	6	0	0	0											
合计					¥	5	7	6	0	0	0											

附单据　张

会计主管：　　　　记账：

四、实训操作

要求开设总分类账户，编制记账凭证，登记总账。

五、总结和体会

六、教师评价

第二节 其他负债的业务处理

一、实训目的

通过实训，了解行政单位其他负债的内容、构成等；熟悉行政单位常见的其他负债的业务；掌握行政单位其他负债的账务处理程序和方法。

二、知识链接

（1）暂存款是行政单位在业务活动中发生的待结算债务，如临时暂存资金、其他应付款项、不明性质的资金以及收到外单位委托办事的资金。暂存款按实际发生额记账对于暂存款，应及时清理结账，应转作收入的，要及时转入收入账户，应上缴的要及时上缴，应支付的要及时支付，应报销的要及时报销，年终原则上要全部结清。

（2）为了保证财政资金的安全完整，不得将应纳入行政单位收入的款项列为暂存款；对各种暂存款应及时清理、结算，不得长期挂账。不得将暂存款挪作他用，转为定期存款或私设小金库。

三、实训资料

湘中市法院为行政单位，2010 年 6 月发生如下经济业务：

（1）6 月 24 日，购入办公用纸一批，共计 2300 元，已验收入库。款未付。

表 10—7

湘中市商品销售专用发票

发票联

发票代码 210786253489

客户名称：湘中市法院 2010 年 6 月 24 日

品名（项目）	单位	数量	单价	金额							
				十	万	千	百	十	元	角	分
办公用纸						2	3	0	0	0	0
合计金额（大写）	贰仟叁佰元整				¥	2	3	0	0	0	0

单位盖章： 复核： 制单：

（2）6 月 28 日，收到安永信律师事务所租用本单位房屋而交来的押金 10000 元，存入银行。

表 10—8

<table>
<tr><td colspan="15">中国建设银行进账单 （收账通知） 1
2010 年 6 月 28 日 第×××号</td></tr>
<tr><td rowspan="3">持票人</td><td>全称</td><td colspan="2">湘中市法院</td><td rowspan="3">出票人</td><td>全称</td><td colspan="9">安永信律师事务所</td></tr>
<tr><td>账号</td><td colspan="2">721××××××59</td><td>账号</td><td colspan="9">330××××××28</td></tr>
<tr><td>开户银行</td><td colspan="2">建设银行香港路分理处</td><td>开户银行</td><td colspan="9">建设银行南京路办事处</td></tr>
<tr><td colspan="5" rowspan="2">人民币（大写）壹万元整</td><td>千</td><td>百</td><td>十</td><td>万</td><td>千</td><td>百</td><td>十</td><td>元</td><td>角</td><td>分</td></tr>
<tr><td></td><td></td><td>¥</td><td>1</td><td>0</td><td>0</td><td>0</td><td>0</td><td>0</td><td>0</td></tr>
<tr><td colspan="2">票据种类</td><td colspan="3">汇票</td><td colspan="10" rowspan="3">持票人开户行盖章</td></tr>
<tr><td colspan="2">票据张数</td><td colspan="3">1</td></tr>
<tr><td colspan="5">单位主管： 会计： 复核： 记账：</td></tr>
</table>

表 10—9

<table>
<tr><td>收 据
2010 年 6 月 28 日</td></tr>
<tr><td>今收到安永信律师事务所支付房屋押金</td></tr>
<tr><td>人民币（大写）壹万元整 ¥ 10000.00
支票第 3533611 号</td></tr>
<tr><td>事由：办公租房

收款单位：湘中市法院 收款人：王明</td></tr>
</table>

（3）6 月 20 日，收到一笔性质不明的款项 1000 元。

表 10－10

<table>
<tr><td colspan="16">中国建设银行进账单（收账通知）　1
2010 年 6 月 20 日　　第×××号</td></tr>
<tr><td rowspan="3">持票人</td><td>全　称</td><td colspan="2">湘中市法院</td><td rowspan="3">出票人</td><td>全　称</td><td colspan="10">新嘉联公司</td></tr>
<tr><td>账　号</td><td colspan="2">721××××××59</td><td>账　号</td><td colspan="10">330××××××022</td></tr>
<tr><td>开户银行</td><td colspan="2">建行香港路分理处</td><td>开户银行</td><td colspan="10">建行北京路办事处</td></tr>
<tr><td colspan="6" rowspan="2">人民币（大写）壹仟元整</td><td>千</td><td>百</td><td>十</td><td>万</td><td>千</td><td>百</td><td>十</td><td>元</td><td>角</td><td>分</td></tr>
<tr><td></td><td></td><td></td><td>¥</td><td>1</td><td>0</td><td>0</td><td>0</td><td>0</td><td>0</td></tr>
<tr><td colspan="2">票据种类</td><td colspan="4">汇票</td><td colspan="10" rowspan="3">持票人开户行盖章</td></tr>
<tr><td colspan="2">票据张数</td><td colspan="4">1</td></tr>
<tr><td colspan="6">单位主管：　　会计：　　复核：　　记账：</td></tr>
</table>

（4）6 月 30 日，将长期无人认领的暂存款 650 元转作应缴预算款。

表 10－11

<table>
<tr><td></td><td>2007 年收到一笔性质不明的款项，金额 650 元，长期无人认领，经研究决定上缴财政。

主任签章：丁元章
2010 年 6 月 30 日</td></tr>
</table>

（5）6 月 30 日，以电汇方式支付原购入材料款 2300 元。

表 10—12

<table>
<tr><td colspan="10">中国工商银行　电汇凭证（回单）　1　No. 0732881692
委托日期 2010 年 6 月 30 日　第　号</td></tr>
<tr><td rowspan="3">汇款人</td><td>全　称</td><td colspan="3">湘中市法院</td><td rowspan="3">收款人</td><td>全　称</td><td colspan="3">佳佳文具用品商店</td></tr>
<tr><td>账号或地址</td><td colspan="3">721××××××59</td><td>账号或地址</td><td colspan="3">322××××××99</td></tr>
<tr><td>汇出地点</td><td></td><td>汇出行名称</td><td>建设银行香港路分理务</td><td>汇入地点</td><td></td><td>汇入行名称</td><td>工商银行市支行</td></tr>
<tr><td>金额</td><td colspan="6">人民币（大写）　贰仟叁佰元整</td><td colspan="3">千 百 十 万 千 百 十 元 角 分
¥ 2 3 0 0 0 0</td></tr>
<tr><td colspan="7">汇款用途：材料款</td><td colspan="3" rowspan="2">（开户行盖章）</td></tr>
<tr><td colspan="7">上列款项已根据委托办理，如须查询，请持此回单来行面洽
单位主管：　会计：　出纳：　记账：</td></tr>
</table>

此联是汇出行给汇款人的回单

四、实训操作

要求开设总分类账，编制记账凭证，登记总账。

五、总结和体会

六、教师评价

第十一章　行政单位净资产（模块十一）

净资产是指资产减负债的余额。行政单位净资产反映国家和行政单位对资产的所有权，是行政单位资产减负债和收入减支出的差额，包括固定基金和结余等。行政单位净资产的内容及其进行会计核算所设置的会计科目如图 11—1 所示。

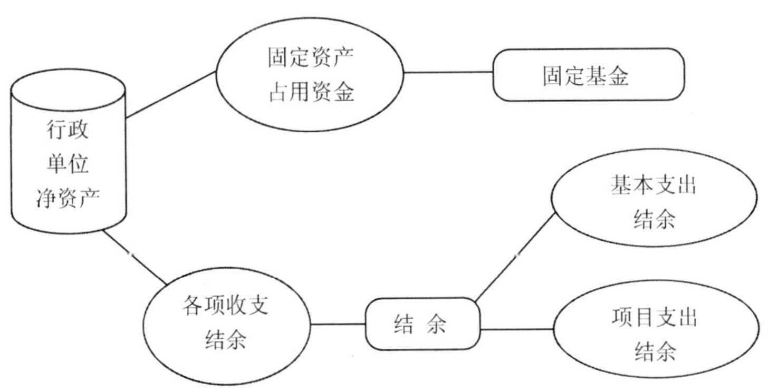

图 11—1　行政单位净资产的内容及组织会计核算设置的科目

第一节　行政单位结余的业务处理

一、实训目的

（1）熟悉行政单位结余的内容及计算方法。

（2）掌握行政单位结余核算设置的主要科目。

（3）学会行政单位会计年终结转会计处理的方法。

二、知识链接

行政单位结余是年度各项收入与支出相抵后的余额。作为结余反映的内容可能是收入大于支出的剩余数额，也可能是支出大于收入的超支数额。

如果有拨入的项目支出经费，项目支出经费的结余应单独反映。所以，行政单位的结余一般由两部分构成：①基本支出经费收支相抵后的余额，即行政单位在执行公务活动过程中的经费收支相抵后的余额。基本支出结余的多少，可表明公务活动过程中收入保证支出的程度，是结余的主要部分。②项目支出经费收支相抵后的余额。与此相应，行政单位的正常经费结余和项目资金结余应分别核算。行政单位的结余一般没有限定用途，可用于行政单位公务活动的各个方面，但主要用于弥补行政单位以后年度收不抵支的差额和补助所属单位等。

结余的计算公式如下：

结余 ＝ 基本支出结余 ＋ 项目支出结余

基本支出结余 = 拨入经费（基本支出）[①] + 预算外资金收入（基本支出）+ 其他收入 －经费支出（基本支出）

项目支出结余 = 拨入经费（项目支出）+ 预算外资金收入（项目支出）－经费支出（项目支出）

行政单位会计为了核算年度各项收支相抵后的累计余额，应设置“结余”科目。年终，将“拨入经费”、“预算外资金收入”和“其他收入”科目的余额转入本科目的贷方，借记“拨入经费”、“预算外资金收入”、“其他收入”科目，贷记本科目；将“经费支出”科目的余额转入本科目借方，借记本科目，贷记“经费支出”科目。年终本科目贷方余额为行政单位滚存结余。本科目应按基本支出结余和项目支出结余设置明细账，进行明细核算。

三、实训资料

××市××镇人民政府 2009 年 12 月 31 日各收支账户余额如表 11－1 所示：

表 11－1

收入支出汇总表

单位名称：××市××镇人民政府　　2009 年 12 月 31 日

收入			支出			结余	
项目	本期数	累计数	项目	本期数	累计数	结转本年结余	
拨入经费		580000	拨出经费		2370000	上年余额	321763.6
其中：专项经费		80000	其中：项目支出		370000		

① 括号内为明细科目，后同。

续表

收入			支出			结余	
项目	本期数	累计数	项目	本期数	累计数	结转本年结余	
预算外资金收入		150000	经费支出		6000000		
其中：专项经费			其中：项目支出		4000000		
其他收入		50000	专项支出				
收入总计		780000	支出总计		8370000	累计结余	

四、实训操作

将各总账科目余额转入“结余”账户，并完成上表结转本年余额与累计结余。

五、总结和体会

六、教师评价

第二节　固定基金的业务处理

一、实训目的

（1）掌握行政单位固定基金的内容及计算方法。

（2）熟悉行政单位固定基金的含义及特点。

二、知识链接

固定基金是指行政单位固定资产所占用的基金。行政单位固定基金体现国家和行政单位对固定资产的所有权，主要包括行政单位使用国家拨入或单位自有的资金购建、上级主管部门调入、接受捐赠的各项固定资产所占用的基金。

随着固定资产的不断使用，其价值是不断减少的，国家和行政单位所拥有的固定基金数额也逐年减少。但是，由于行政单位固定资产不计提折旧，所以，账面上固定基金的数额和固定资产的数额始终是相等的。

行政单位应设置“固定基金”账户，核算行政单位固定基金的增减变动情况。行政单位增加固定基金时，借记“固定资产”或有关账户，贷记“固定基金”账户；减少固定基金时，借记“固定基金”账户，贷记“固定资产”账户。

三、实训资料

表 11－2

<table>
<tr><td colspan="14">××市建筑安装业统一发票</td></tr>
<tr><td colspan="4">付款方：</td><td colspan="6">2010 年 1 月 28 日</td><td colspan="4">No：784193</td></tr>
<tr><td>工程名称</td><td>办公楼</td><td>面积</td><td></td><td colspan="3">竣工时间</td><td colspan="7"></td></tr>
<tr><td rowspan="2">项目名称</td><td rowspan="2">单位</td><td rowspan="2">数量</td><td rowspan="2">单价</td><td colspan="9">金额</td><td rowspan="2">备注</td></tr>
<tr><td>百</td><td>十</td><td>万</td><td>千</td><td>百</td><td>十</td><td>元</td><td>角</td><td>分</td></tr>
<tr><td>装修工程款</td><td></td><td></td><td></td><td></td><td>2</td><td>0</td><td>1</td><td>8</td><td>4</td><td>0</td><td>0</td><td>0</td><td rowspan="2">拨入经费开支</td></tr>
<tr><td></td><td></td><td></td><td></td><td></td><td></td><td></td><td></td><td></td><td></td><td></td><td></td><td></td></tr>
<tr><td></td><td></td><td></td><td></td><td>¥</td><td>2</td><td>0</td><td>1</td><td>8</td><td>4</td><td>0</td><td>0</td><td>0</td><td></td></tr>
<tr><td colspan="14">人民币（大写）贰拾万零壹仟捌佰肆拾元整</td></tr>
<tr><td colspan="2">建设施工单位</td><td colspan="3">××市建筑安装公司</td><td colspan="5">结算方式</td><td colspan="4">转账支票</td></tr>
</table>

表 11－3

<table>
<tr><td colspan="5">××市人民政府
购买办公室专项控制商品证明单</td></tr>
<tr><td colspan="3">购货单位：××市财经学院</td><td colspan="2">No：000432</td></tr>
<tr><td>商品名称</td><td>计算单位</td><td>数量</td><td>每件最高金额</td><td>备注</td></tr>
<tr><td>车</td><td>辆</td><td>1</td><td>25 万元</td><td></td></tr>
<tr><td></td><td></td><td></td><td></td><td></td></tr>
<tr><td></td><td></td><td></td><td></td><td></td></tr>
</table>

经办人：王　　　　2010 年 3 月 1 日填发

表 11—4

准购证				
购货单位：××市教育局			2010 控购车字第 0005 号 AZ	
车辆名称	数量单位	数量（大写）	金额（元）	备注
吉利	辆	壹	180000	

第六联　购买单位存查

注：1. 此证不准私自涂改、转让。

2. 仅限于当年有效。

表 11—5

中国建设银行转账支票存根

Ⅶ V 00632909

科　　目：

对方科目：

出票日期：2010 年 1 月 28 日

收 款 人：浙江吉利汽车有限公司

金　　额：180000.00

用　　途：购车款

单位主管：　　　　会计：

表 11－6

<table>
<tr><td colspan="9">××市教育局固定资产调拨单</td></tr>
<tr><td colspan="9">2010 年 3 月 25 日</td></tr>
<tr><td colspan="9">投资单位名称</td></tr>
<tr><td>固定资产名称</td><td>规格型号</td><td>单位</td><td>数量</td><td>预计使用年限</td><td>已使用年限</td><td>原始价值（元）</td><td>已提折旧</td><td>备注</td></tr>
<tr><td>机器</td><td></td><td>台</td><td>4</td><td>8</td><td>3</td><td>20000</td><td></td><td></td></tr>
<tr><td colspan="2">技术鉴定</td><td colspan="2">设备完好</td><td colspan="2">评估价值</td><td colspan="3">10000 元</td></tr>
<tr><td colspan="4">单位盖章：××市教育局</td><td colspan="5">接受单位盖章：××市第×中学</td></tr>
</table>

四、实训操作

五、总结和体会

六、教师评价

第十二章　行政单位会计报表（模块十二）

第一节　资产负债表的编制

一、实训目的

通过实训，理解行政单位资产负债表的基本理论和编制方法等知识；认识、熟悉行政单位资产负债表的编制过程；掌握行政单位资产负债表编制的技巧。

二、知识链接

资产负债表是反映行政单位某一特定时点财务状况的报表。它是根据资产、负债、收入、支出、净资产之间的相互关系，按照一定分类标准和一定顺序，把行政单位在一定日期的资产、负债、收入、支出、净资产各项目予以适当排列后编制而成的。

资产负债表向有关方面提供以下几个方面的信息：

（1）行政单位某一日期所掌握的经济资源及这些资源的分

布和结构。

（2）行政单位某一日期负债总额及其结构。

（3）行政单位的净资产情况。

（4）通过对资产负债表的分析，可以了解行政单位的财务实力及行政单位资产负债变化情况及财务状况的发展趋势。

资产负债表的格式，目前国际上流行的有账户式和报告式两种。我国行政单位资产负债表分为左右两方，左方列示资产部类项目，右方列示负债部类项目。

三、实训资料

某行政单位2009年12月31日，结账前的资产负债表如表12—1所示。

表12—1 **资产负债表**

编制单位：市法院 2009年12月31日 单位：元

项　目	年初数	年末数	项　目	年初数	年末数
一、资产类			二、负债类		
现金		500	应缴预算款		
银行存款		112300	应缴财政专款		271000
有价证券		40000	暂存款		21500
暂付款		62200	三、净资产		
库存材料		125500	固定基金		7120000
固定资产		7120000	结余		
五、支出类			其中：经常性结余		12800
经费支出		1050000	专项结余		10000
拨出经费		380000	四、收入类		
结转自筹基建		100000	拨入经费		1200000

续表

项　目	年初数	年末数	项　目	年初数	年末数
			预算外资金收入		350000
			其他收入		5200
资产部类总计		8990500	负债部类总计		8990500

四、实训操作

要求：根据上述资料进行年终转账。

（1）将有关收入账户结转“结余”账户。

（2）将有关支出账户结转“结余”账户。

（3）编制 2009 年 12 月 31 日的资产负债表。

表 12—2　　**资产负债表**

编制单位：　　年　月　日　　单位：

项　目	年初数	年末数	项　目	年初数	年末数
一、资产类			二、负债类		
现金			应缴预算款		
银行存款			应缴财政专款		
有价证券			暂存款		
暂付款			三、净资产		
库存材料			固定基金		
固定资产			结余		
五、支出类			其中：经常性结余		
经费支出			专项结余		
拨出经费			四、收入类		
结转自筹基建			拨入经费		
			预算外资金收入		
			其他收入		
资产部类总计			负债部类总计		

五、总结和体会

六、教师评价

第二节 收入支出表的编制

一、实训目的

通过实训，学习行政单位收入支出表的基本理论和编制方法等知识；认识、熟悉行政单位收入支出表的编制过程；掌握行政单位收入支出表的编制技巧。

二、知识链接

收入支出表是反映行政单位在一定期间的收支结余及其分配情况的报表。本表由收入、支出、结余三部分组成。该表的项目按收支的构成和结余情况分别揭示。通过收入支出表，可以判断行政单位的预算收支的执行情况。收入支出表分为左、中、右三部分。左边部分反映收入；中间部分反映支出；右边部分反映结余情况。

三、实训资料

市工商局2010年有关会计资料如下：（单位：元）

科目名称	金额
拨入经费——基本支出	1035000
——项目支出	6150
预算外资金收入——基本支出	100500
——项目支出	10500
其他收入	16500
拨出经费	630000
经费支出——基本支出	510000
——项目支出	8250
结转自筹基建	7950
以前年度结余	15000

四、实训操作

要求：根据上述资料进行年终转账，并填制《收入支出汇总表》（如表12—3所示）。

（1）将有关收入账户结转“结余”账户。

（2）将有关支出账户结转“结余”账户。

（3）编制2010年收入支出汇总表。

表 12—3　**收入支出汇总表**

编制单位：　　年　月　日　　单位：

收入			支出			结余	
项　目	本月数	本年累计数	项　目	本月数	本年累计数	项　目	金额
拨入经费			拨出经费			结转当年结余	
其中：专项经费			经费支出			其中：专项结余	
预算外资金收入			其中：基本支出			以前年度结余	
其中：专项经费			专项支出				
其他收入							
			结转自筹基建				
收入总计			支出总计			累计结余	

五、总结和体会

六、教师评价

第三节　支出明细表的编制

一、实训目的

通过实训，了解行政单位支出明细表的基本构成和编制方法等知识；熟悉行政单位支出明细表的分类；掌握行政单位支出明细表的编制方法与技巧。

二、知识链接

行政单位各项经费支出按其资金来源不同分设了预算内资金支出和预算外资金支出两个二级科目。前者是指由预算内资金来源（由财政部门或上级主管部门拨入的预算经费）为基础形成的支出；后者是指国家预算拨款之外的收入形成的支出。国家预算拨款之外的收入包括预算外资金收入和其他收入等。之所以按预算资金支出和预算外资金支出分设两个二级账户，主要是为支出膨胀及超预算支出等追根溯源，试图从源头上对经费支出实施监控。按预算资金支出和预算外资金支出对经费支出进行分类核算，是完善行政单位经费支出核算体系的重要措施之一。

三、实训资料

某市检察院 2010 年 8 月发生如下业务：

（1）收到财政部门委托代理银行转来的财政直接支付入账

通知书及其相关的原始凭证，财政部门为行政单位支付了职工基本工资 85000 元，津贴补贴 24000 元。该支出属于基本支出。

（2）收到财政部门委托代理银行转来的财政直接支付入账通知书及其相关的原始凭证，财政部门为行政单位支付了专用材料款 56000 元。该支出属于基本支出。

（3）收到财政部门委托代理银行转来的财政直接支付入账通知书及其相关的原始凭证，财政部门为行政单位支付了离休费 42000 元，退休费 38000 元。该支出属于基本支出。

（4）收到财政部门委托代理银行转来的财政直接支付入账通知书及其相关的原始凭证，财政部门为行政单位支付了办公设备购置费 85000 元。该支出属于基本支出。

（5）收到财政部门委托代理银行转来的财政直接支付入账通知书及其相关的原始凭证，财政部门为行政单位支付了交通工具购置费 79000 元。该支出属于基本支出。

（6）从仓库领用办公用品 24000 元。该支出属于基本支出。

（7）收到财政部门委托代理银行转来的财政直接支付入账通知书及其相关的原始凭证，财政部门为行政单位支付了水费 23000 元，电费 18000 元，物业管理费 34000 元。该支出属于基本支出。

（8）收到财政部门委托代理银行转来的财政直接支付入账通知书及其相关的原始凭证，财政部门为行政单位支付了租赁费 42000 元，购房补贴 78000 元。该支出属于基本支出。

（9）通过银行存款账户支付职工福利 15000 元，该支出来源于单位的零星杂项收入。

（10）收到财政部门委托代理银行转来的财政直接支付入账通知书及其相关的原始凭证，财政部门为行政单位支付了办公用房修缮费 779000 元。该支出属于项目支出，由发改委安排。

（11）通过单位零余额账户支付了专用材料款 23000 元，专用设备款 43000 元。该支出用于专项业务活动，列为项目支出预算。

（12）通过一般银行存款账户支付专项会议支出共计 24000 元，其中租赁费 15000 元，手续费 4000 元，印刷费 5000 元。该支出列为项目支出预算。该支出来源于预算外资金收入。

（13）通过单位零余额账户支付了专项会议支出共计 82000 元，其中文件资料费 28000 元，会议场地租金 54000 元。该支出用于专项业务活动，列为项目支出预算。

（14）通过一般银行存款账户支付专项活动支出共计 31000 元，其中，交通费 9000 元，差旅费 2200 元。该支出用于专项业务活动，列为项目支出预算。该支出来源于预算外资金收入。

四、实训操作

要求：

（1）为该单位作出相应的会计分录。

（2）填制《经费支出明细表》（见表 12—4）。

表 12—4 **经费支出明细表**

编制单位： 年 月 日 单位：元

项 目	合计	基本工资	补助工资	其他工资	福利费	社会保障金	助学金	公务费	设备购置费	修缮费	业务费	其他费用
列 次	1	2	3	4	5	6	7	8	9	10	11	12
经费支出												
基本支出												
其中：财政拨款支出												
预算外资金支出												
项目支出												
其中：财政拨款支出												
预算外资金支出												

五、总结和体会

六、教师评价